Steinkopf-Bücherei Band 5

Adolf Köberle

Gottes Tage

Biblische Besinnungen zu den hohen Festen der Christenheit

J. F. Steinkopf Verlag
Stuttgart

Steinkopf-Bücherei Band 5

Die bisherige Ausgabe erschien 1964 im Furche-Verlag,
H. Rennebach, Hamburg.
Einband: Hans Hug, Stuttgart.
Gesamtherstellung: Freiburger Graphische Betriebe,
Freiburg i. Br.

ISBN 3 7984 0445 3.

INHALT

GELEITWORT

Die innere Verarmung des menschlichen Wesens, die in unseren Tagen immer weiter um sich greift, zeigt sich nicht zuletzt daran, daß die hohen Feste der Christenheit für viele ihren Sinn verloren haben. Aus Weihnachten ist ein geschäftiger Rummel geworden. An Ostern und Pfingsten stauen sich die Fahrzeuge auf den Ausfahrtsstraßen nach dem Süden zu kilometerlangen Schlangen. Wer aber denkt bei dem allem daran, daß diese Feiertage Zeugnis geben von den großen Taten Gottes, die unser Leben mit Frieden und Kraft aus der Höhe beschenken möchten? Die Verlegenheit angesichts der hohen Feste der Christenheit reicht heute bis hinein in die Reihen der Theologie, der weithin die Freudigkeit verlorengegangen ist, die Botschaft dieser Tage mit Vollmacht zu verkündigen.
Die nachfolgenden Texte möchten dazu dienen, den eigentlichen Sinn der hohen Feste der Christenheit neu zu entdekken. In der Art eines seelsorgerlichen Gesprächs wird der Leser von der Adventszeit bis zum Ewigkeitssonntag geführt. Das Kirchenjahr durchleuchtet das Kalenderjahr und hilft uns, über dem Lärm und Getriebe der Profanzeit das Licht der Ewigkeit nicht zu vergessen.

Adolf Köberle

ADVENT

Bereitet dem Herrn den Weg

Dies ist's, was der Herr seinem gefangenen Volk Israel durch seinen Propheten sagen ließ: Tröstet, tröstet mein Volk! spricht euer Gott! Redet mit Jerusalem freundlich und rufet ihr zu, daß ihre Dienstbarkeit ein Ende hat, daß ihre Schuld abgetan ist; denn sie hat Zwiefältiges empfangen von der Hand des Herrn für alle ihre Sünden.
Es ruft eine Stimme: In der Wüste bereitet dem Herrn den Weg, macht auf dem Gefilde eine ebene Bahn unserm Gott! Alle Täler sollen erhöht werden, und alle Berge und Hügel sollen erniedrigt werden, und was uneben ist, soll gerade, und was hügelig ist, soll eben werden, und die Herrlichkeit des Herrn soll offenbart werden, und alles Fleisch miteinander wird es sehen; denn des Herrn Mund hat's geredet.
Es spricht eine Stimme: Rufe! Und ich sprach: Was soll ich rufen? Alles Fleisch ist Gras, und alle seine Güte ist wie eine Blume auf dem Felde. Das Gras verdorrt, die Blume verwelkt; denn des Herrn Odem bläst darein. Ja, Gras ist das Volk! Das Gras verdorrt, die Blume verwelkt, aber das Wort unseres Gottes bleibt ewiglich!

Jes. 40, 1–8

Als Jerusalem im Jahre 586 vor Christi Geburt von dem babylonischen Großkönig Nebukadnezar erobert wurde, brach ein furchtbares Gericht über das jüdische Volk herein. Die Mauern der Stadt wurden geschleift und Tempel und Königsburg durch riesige Feuerbrände zerstört. Zedekia, der letzte Herrscher von Juda, war bei einem Fluchtversuch in der Ebene Jericho gefangengenommen worden. Die Kinder Zedekias wurden vor den Augen des Vaters hingerichtet. Dann wurde der König selbst geblendet und als hilfloser Mann gen Babylon geführt. Mit ihm wurde ein großer Teil des Volkes, darunter die Elite, zwangsdeportiert. Wie es den Verbannten im Exil zumute war, mögen wir ersehen aus den

Eingangsworten zu dem 137. Psalm, wo es heißt: »An den Wassern zu Babel saßen wir und weinten, wenn wir an Zion gedachten.«
Wie ungeheuer aber muß auf diesem leidvollen Hintergrund die Wirkung gewesen sein, als dort, fern von der Heimat, ein Mann auftrat und seinen Volksgenossen die Botschaft zurief: »Dies ist's, was der Herr dem gefangenen Volk Israel durch seinen Propheten sagen läßt. Tröstet, tröstet mein Volk! spricht euer Gott! Redet mit Jerusalem freundlich und rufet ihr zu, daß ihre Dienstbarkeit ein Ende hat, daß ihre Schuld abgetan ist; denn sie hat Zwiefältiges empfangen von der Hand des Herrn für alle ihre Sünden.«
Man kann an der Hand dieser Worte so recht erkennen, was das Merkmal eines Propheten ist. Ein Prophet ist ein von Gott ergriffener, überwältigter und erleuchteter Mensch. Zum Propheten kann man sich nicht kraft eigener Wahl machen. Zum Propheten wird man durch göttliche Machtwirkung berufen. Ein Prophet sagt nicht, was er sich ausgedacht hat oder was er vermutet, so, wie politisch interessierte und begabte Menschen ihre Sorgen und Hoffnungen im Blick auf die Zukunft aussprechen. Der Prophet gibt eine Botschaft weiter, die ihm auszurichten aufgetragen worden ist und die er unter einem heiligen Zwang bezeugen muß, ganz gleich, ob es ihm lieb oder leid ist und was dabei für das eigene Leben und Schicksal herauskommt.
Wer hätte damals zur Zeit der Knechtschaft des jüdischen Volkes im Euphratland annehmen können, daß der Koloß der babylonischen Weltmacht auf tönernen Füßen stehe, daß seine Tage gezählt seien und er schon bald zusammenbrechen werde! Wer unter den Verbannten hätte zu hoffen gewagt, daß der am weltpolitischen Himmel neu aufsteigende Stern, der Perserkönig Cyrus, dem gefangenen Volk die Heimkehr nach Jerusalem gestatten und ihm noch dazu die beim Zusammenbruch geraubten Tempelschätze zurückgeben werde! Der Prophet aber darf kraft göttlicher Geisterleuchtung einen Blick in die Zukunft tun. Er darf sein Volk trösten mit der Botschaft von der nahe bevorste-

henden Befreiung, daß es in Hoffnung wieder fröhlich werden kann.
Zum prophetischen Amt und Auftrag gehört nicht nur der Blick in die Zukunft der Geschichte, es gehört dazu auch eine geistesmächtige Deutung der Gegenwart und der Vergangenheit. Israel muß einsehen und sich darunter beugen, daß es um seiner sündigen Verirrungen willen von Gott zwiefältig hart gestraft worden ist. Wie hatte die göttliche Stimme durch den Mund des Propheten Jeremia in den Jahren vor dem Untergang Jerusalems um das Volk gerungen, um seine Könige und politischen Führergestalten! Aber man wollte den unbequemen Mahner nicht hören, der in Gottes Auftrag zur Besonnenheit, zum Stillehalten und zum Glaubenhalten aufrief, so hatte das vielfach verdiente Verhängnis seinen Lauf genommen. Jetzt aber darf das so schwer geprüfte Volk aus prophetischem Munde die wundersame, unbegreifliche Kunde vernehmen: Die Schuld ist bei Gott vergeben und abgetan. Die demütigende Dienstbarkeit und Fronarbeit unter mitleidslosen Gewalthabern geht zu Ende. Der Weg in die Freiheit, die Rückkehr in die alte Heimat tut sich auf.
Auch uns gilt die gleiche Botschaft, wie sie damals dem jüdischen Volk in der Verbannung zugerufen wurde. Unsere Dienstbarkeit und Knechtschaft sieht zwar anders aus als bei den Gefangenen an den Wassern zu Babel. Aber sie fehlt in unserem Leben gleichwohl nicht. Es kann sein, daß wir in Süchten und Leidenschaften so gefangen sind, daß wir einfach die Kraft nicht aufbringen, uns davon zu lösen. Bei anderen wieder ist das Herz verdüstert und beschwert von Sorgen aller Art, von Schulsorgen, von Krankheitssorgen, von Wirtschaftssorgen, und über alledem will es zu keiner weihnachtlichen Vorfreude in unserem Leben kommen.
Aber nun dürfen auch wir es uns sagen lassen: Gott weiß um unseren Jammer, der ihm zu Herzen geht, er zerreißt die Schuldscheine, die sich in unserem Leben angesammelt haben, er vergibt uns, daß wir so wenig nach ihm gefragt haben und unsere eigenen Wege und Irrwege gegangen sind.

Aufs neue will sich Gott aufmachen und in dem Christuskind zu uns kommen, um uns durch dieses reine, unschuldige Leben aus der Gebundenheit, aus Angst und Sorge in die Freiheit zu führen.
Wenn Gott durch die Stimme eines Propheten ruft, dann ruft er immer auch zum Dienst für sein Reich. So erging damals an die Gefangenen zu Babel nicht nur das Wort des Trostes, sondern zugleich das verpflichtende Wort: »In der Wüste bereitet dem Herrn den Weg, macht auf dem Gefilde eine ebene Bahn unserm Gott! Alle Täler sollen erhöht werden, und alle Berge und Hügel sollen erniedrigt werden, und was uneben ist, soll gerade werden, und die Herrlichkeit des Herrn soll offenbart werden, und alles Fleisch miteinander wird es sehen; denn des Herrn Mund hat's geredet.«
Gottes Gnade und des Menschen Verantwortung werden in der biblischen Botschaft Alten und Neuen Testaments niemals auseinandergerissen, sie erscheinen vielmehr innig aufeinander bezogen. Wir können Gottes Kommen zu uns auf keinerlei Weise erzwingen. Wenn Gott schweigt, können wir ihn nicht zum Reden bringen, weder durch magische Künste noch durch unsere religiösen Anstrengungen. Es ist allein seine Huld und Freundlichkeit, wenn er sich aufmacht und unser Gast wird. Wohl aber können wir den Reichtum der uns zugedachten Gaben durch unser Fehlverhalten verhindern oder beeinträchtigen.
Das Wort aus Jesaja 40 weist darauf hin, daß sowohl Hochmut wie Kleinmut zu verhängnisvollen Hindernissen für einen gesegneten Advent in unserem Leben und im Leben unserer Gemeinden werden können. Es gibt Menschen, bei denen Besitzgier, Ehrgeiz, Reichtumsverlangen und Geltungsdrang eine so ungeheure Rolle spielen, daß darüber in ihrem Herzen kein Raum für Gott bleibt. Solche Götzen, die wie Berge und Hügel aufragen, müssen abgetragen werden, sonst kann der König der Ehren bei uns nicht einziehen. Dann wieder gibt es Menschen, die sitzen in Tälern der Freudlosigkeit und der Trauer. Sie haben eine merkwürdige Gabe, bei allem, was ihnen begegnet, nur das Negative, das

Ungute, das Unvollkommene zu sehen. Unzufrieden, undankbar und vergrämt kritteln sie an allem herum, was ihnen begegnet, und machen sich das Leben dadurch selber arm und einsam, lustlos und schwer. Sofern wir zu solchen Lebensfehlern neigen, laßt uns doch in der Adventszeit einen heiligen und festen Entschluß fassen, diese Täler zu verlassen, diese Täler aufzufüllen durch einen neuen Mut, durch eine neue positive Einstellung dem Leben gegenüber! Aus aufgefüllten Gruben und Tälern wird dann eine ebene Bahn, auf der Gott seinen Einzug halten kann.
Wenn man im Alten Orient von Babylon nach Jerusalem reiste, dann umging man die dazwischen liegende Wüste in einem weiten Bogen. Der Weg durch die Wüste wäre wohl der geradlinige und nächste gewesen. Aber die Wüste ist weglos, und darum wurde sie gemieden.
Wenn der Prophet eine Stimme hört: »In der Wüste bereitet dem Herrn den Weg«, so werden wir damit aufgefordert: Baut eine Gottesstraße auch noch da und gerade da, wo alles weglos und ausweglos erscheinen will! Wir trauen Gott im allgemeinen zu wenig zu. Wie schnell sagen wir von einem Menschen, der auf uns einen unerfreulichen Eindruck macht: Dieses Leben ist durch ungünstige Erbanlagen und durch allzu viele Erziehungsfehler so verwüstet, daß es keinen Sinn hat, daran noch viel Liebesmühe zu wenden. Jesus hat darüber anders gedacht. Er sah auch in dem verlorenen Geschöpf noch das Ebenbild Gottes, er hat es durch seine Liebeszuwendung erweckt und ihm einen neuen Anfang ermöglicht.
Es kann sein, daß wir beruflich manchmal vor Zuständen stehen, die einer Wüste gleichen. Da ist eine völlig verlotterte Schulklasse, oder da sind langjährig verhärtete Feindschaften, und nun soll man so etwas aufarbeiten und zurechtbringen. Wollen wir dabei niemals vergessen: Gott möchte, daß wir ihm in der *Wüste* eine Gottesstraße bauen, auf daß daran seine Herrlichkeit offenbar werde, und alles Fleisch miteinander darf dann sehen, daß bei Gott kein Ding unmöglich ist.

Und abermals hört der Prophet eine Stimme, die ihn auffordert: Rufe! Achten wir erneut darauf: Der Prophet fängt daraufhin nicht alsbald zu reden an, es heißt vielmehr: »Und ich sprach: was soll ich rufen?« Also, der Aufgerufene will nicht sein eigenes Wort sagen, sondern allein das ihm aufgetragene Wort. So sollten auch wir Pfarrer und Prediger bei dem Dienst auf der Kanzel den Einfallsreichtum und die Kritikfreudigkeit unserer eigenen Gedanken nach Möglichkeit zu Hause lassen. Das alles ist viel zu subjektiv und belanglos, als daß einer Gemeinde damit geholfen wäre, als daß sie davon satt werden könnte. Allein das im prophetischen und apostolischen Wort uns von Gott geoffenbarte Zeugnis gilt es, in Treue weiterzugeben und der Gemeinde für die Gegenwart zu verlebendigen.
Es ist ein gewaltiges und erschütterndes Wort, das damals dem Propheten auszurichten aufgetragen wurde. »Alles Fleisch ist Gras, und alle seine Güte ist wie eine Blume auf dem Felde. Das Gras verdorrt, die Blume verwelkt; denn des Herrn Odem bläst darein. Ja, Gras ist das Volk! Das Gras verdorrt, die Blume verwelkt, aber das Wort unseres Gottes bleibt ewiglich!«
Wenn aus der Wüste der glutheiße Wind, der Schirokko, aufbricht, dann ist in wenigen Tagen die üppigste Vegetation verwelkt und verbrannt. Dieser erschreckende Naturvorgang wird dem Propheten zum Gleichnis. Wenn Gott mit seinem verzehrenden Gerichtsodem zu wehen beginnt, dann verbrennen die stolzen Gebäude, die wir Menschen errichtet haben, in kurzer Zeit. Selbst ganze Völker – darauf wird ausdrücklich hingewiesen – können dann dahingerafft werden, gleich wie das Gras unter der sengenden Hitze verdorrt. In den Augen der Welt galt damals Babylon als der Inbegriff einer unwiderstehlichen und uneinnehmbaren Macht. Dem Propheten aber werden in der Erleuchtung die Augen geöffnet. Er sieht den gewaltigen Koloß schon wanken, stürzen und fallen. Zugleich aber wird ihm klar: Mögen Völker kommen und gehen, Kulturen aufblühen und wieder zu Grabe sinken, das Wort der Wahrheit, das Gott spricht, wird

von dem Gesetz der Vergänglichkeit nicht angetastet. Es bleibt gültig in Zeit und Ewigkeit. Es leuchtet über den menschlichen Auf- und Untergängen in unveränderter Klarheit.
Fragen wir: Was bedeutet diese Botschaft des Propheten für unser persönliches Leben?
Wenn alles Fleisch wie Gras ist und alle seine Güte wie eine Blume auf dem Feld, dann verliert vieles seine Bedeutsamkeit, was wir in übertriebener Weise für wichtig erachten. Wahrscheinlich hat sich jeder von uns schon über dies oder das maßlos aufgeregt. Manchmal waren es nur Kleinigkeiten, um derentwillen wir die Fassung verloren haben. Aber selbst wenn es größere und gewichtigere Dinge sein sollten, die uns empört oder verzweifelt haben werden lassen, hängt es nicht damit zusammen, daß wir das Wort von der Vergänglichkeit aller Dinge zu wenig bedacht haben? Du neidest einem anderen den Ruhm. In zehn oder zwanzig Jahren ist dieser andere vergessen, weil längst neue, erfolgreiche Namen an seine Stelle getreten sind. So ist es doch in der Politik, im Sport, in der Kunst, in der Wissenschaft. Oder du neidest einer anderen die größere Schönheit, die sie ins Dasein mitbekommen hat. Es lohnt sich nicht, sich deswegen zu grämen. Denn wie rasch verbraucht unsere Zeit jeden Menschen und nimmt ihm Frische und Jugendlichkeit!
Wahrhaft bedeutsam ist immer nur eines, daß wir in der ewigen Welt Gottes Fuß fassen. Diese aber kann uns durch keinen politischen Umsturz, durch kein Altern, durch keinen Wechsel der Zeiten geraubt werden. In diesem Sinn sagt schon Meister Eckhart: »O Mensch, so viel du in Gott bist, so viel bist du im Frieden.« Wir könnten auch fortfahren: Und je tiefer ein Mensch in Gott ruht, um so mehr gewinnt er einen zeitüberlegenen Standort zur Bewältigung seiner Lebensschwierigkeiten.

Gottes Tag bricht an

Ihr wisset die Zeit, nämlich daß die Stunde da ist, aufzustehen vom Schlaf, denn unser Heil ist jetzt näher, als da wir gläubig wurden. Die Nacht ist vorgerückt, der Tag aber nahe herbeigekommen. So lasset uns ablegen die Werke der Finsternis und anlegen die Waffen des Lichtes. Lasset uns ehrbar wandeln als am Tage, nicht in Fressen und Saufen, nicht in Wollust und Unzucht, nicht in Hader und Neid; sondern ziehet an den Herrn Jesus Christus und wartet des Leibes, doch nicht so, daß ihr seinen Begierden verfallet.

Röm. 13,11–14

Zu den tiefsten Geheimnissen unseres irdischen Daseins gehört, daß wir Menschen das Bewußtsein der Zeit haben. Freilich, wie verschieden kann die Zeit, die uns gegeben ist, empfunden und durchlebt werden!

Die religiöse Überlieferung Ostasiens sagt uns: Im Grunde ist es völlig belanglos, an welchem Punkt der Zeitstrecke sich ein Mensch befindet. Die Zeit erscheint einem ruhenden See vergleichbar, an dessen Ufern sich überall gleich gut träumen läßt. Der Mensch kann an jeder beliebigen Stelle der Geschichte nach dieser Überzeugung den Durchbruch in die göttliche Welt vollziehen. Er muß sich nur lösen von allen irdisch-vergänglichen Wünschen und Bestrebungen, dann kann er mitten im Endlichen eins sein mit dem Unendlichen.

Eine völlig andere Schau vom Wesen der Zeit begegnet uns, wenn wir auf das biblische Zeugnis im Alten und Neuen Testament achten. Dort wird die Zeit ungeheuer ernst genommen. Die Zeit gleicht einem gewaltigen Stromlauf, der unablässig vorwärts dringt, bis er die Zielmündung in dem großen Meer der Ewigkeit erreicht hat. Man weiß hier, daß es bestimmte Geschichtsereignisse gibt, durch die die Lage der Menschheit von Grund aus verändert wird. *Nach* einem solchen Geschehen ist alles anders denn zuvor. Man kann auch hinter ein solches Geschehen niemals mehr zurück, weil die Zeit ihrem Wesen nach nicht umkehrbar, nicht wiederholbar ist.

Das Wort aus dem 13. Kapitel des Römerbriefs ist ganz von diesem biblischen Zeitgefühl geprägt. Der Apostel Paulus schreibt an die Glieder der Gemeinde zu Rom: Ich habe viel auf dem Herzen, wenn ich an euch denke, ich habe euch viel zu sagen an seelsorgerlicher Führung und Weisung, dabei wende ich mich an euch als Leute, die die Zeit kennen, die wissen, daß eine Weltenstunde ohnegleichen geschlagen hat. »Die Nacht ist vorgerückt, der Tag aber nahe herbeigekommen.«

Wodurch ist im Zeitenablauf der Geschichte diese machtvolle Bewegung von der Nacht zum Tag hin in Gang gekommen? Es ist dadurch geschehen, daß Jesus Christus in die Welt kam. Er ist der helle Morgenstern, der an dem Nachthimmel dieser Welt aufgegangen ist und der uns mit seinem Erscheinen die Gewißheit bringt, daß der Siegeslauf Gottes weitergehen wird bis zur Vollendung aller Dinge in seinem ewigen Reich.

Man kann die Zeit, in der wir gegenwärtig leben, unter zweierlei Gesichtspunkten betrachten. Man kann von der göttlichen Geschichtsschau völlig absehen und nur das berücksichtigen, was wir unmittelbar vor Augen haben, wovon wir täglich in der Zeitung lesen. Das Bild, das sich daraus ergibt, ist ein überaus düsteres: Großmächte, die sich in unversöhnlicher Feindschaft gegenüberstehen und die beiderseits im Besitz furchtbarer Vernichtungswaffen sind, Wolken von lebensbedrohendem Atomstaub, der über die Länder der Erde hinwegzieht, farbige Völker im Aufstand gegen den weißen Mann, Millionen von Menschen, die in Angst und Unfreiheit leben müssen, Mangel und Darben bei den einen, Luxus, Übermut und Üppigkeit bei den anderen. Wenn man sich das alles zusammengeballt vor Augen hält, könnte man schwermütig darüber werden.

Aber nun dürfen wir hören: Die Nacht ist vorgerückt. Das Heil ist uns näher denn zuvor. Es kann nicht mehr lange währen, dann zieht der Tag Christi herauf. Wenn das so ist, dann dürfen wir all das Schreckliche und Traurige, das uns in der gegenwärtigen Weltenstunde ängstigen will, ansehen

als die flammende Morgenröte, die anzeigt, daß der Aufgang der Sonne des Lebens nicht mehr fern ist. Gewiß dürfen wir die Adventszeit auch durchleben als die frohe Zeit der Erwartung auf das bevorstehende Weihnachtsfest mit all seinem Freudenreichtum von Schenken und Beschenktwerden, von Singen, Spielen und Feiern. Aber wir wollen darüber nicht vergessen, wie die Adventszeit uns doch vor allem hinweisen möchte auf den letzten großen Advent des wiederkommenden Herrn, da Christus aus der Verborgenheit hervortreten wird, in der er jetzt noch immer über die Erde geht, um seine Reichsherrschaft in Herrlichkeit offenbar zu machen.
Manchen von uns wird es schwerfallen, diese weltweite, umfassende Schau mit dem alltäglichen Leben in Verbindung zu bringen, das durch Krankheit, Ärger und Verdruß, durch Geldnöte oder Schulsorgen um die Kinder bestimmt sein mag. Aber Paulus ist nicht der Meinung, daß Christus-Glaube und Lebensgestaltung nichts miteinander zu tun haben. Im Gegenteil, für ihn ist das rechte Wissen um den Standort der Zeit der allerstärkste Antrieb zur Erneuerung der gesamten Lebensführung. Es heißt: »Und das tut in der Erkenntnis der Zeit, wissend, daß die Stunde da ist, aufzustehen vom Schlaf; darum laßt uns ablegen die Werke der Finsternis und anziehen die Waffen des Lichts!«
Damit wird uns eingeprägt: Zum christlichen Leben gehört immer beides, das Ablegen alles widergöttlichen Wesens und das Anziehen einer neuen Wesensart, die nach dem Geist Jesu Christi beschaffen ist. Man muß nein sagen zu dem Treiben der Nacht und muß sich bekennen zu allem Hellen, Lichten und Klaren, das dem Tag Gottes gemäß ist. Es gilt, Widerstand zu leisten gegenüber allem Argen und Schädlichen, und es gilt, Beistand zu leisten im Blick auf die Nahrungsaufnahme des Göttlich-Guten. Eines allein wäre immer zu wenig. Ein Gärtner darf nicht nur Unkraut ausjäten. Er muß auch gute Erde heranschaffen und wertvollen Samen in das Erdreich senken, sonst bekommt er am Tag der Ernte keine ertragreiche Frucht. Aber auch das Umge-

kehrte ist vom Übel, wenn ein Baumeister wertvolles Material zusammenfügt, dabei aber übersieht, daß das Bodengelände sumpfig ist, in das hinein er seinen Bau stellt. So muß immer beides zusammenkommen, wenn unser Werk wohl geraten soll: der Bruch mit dem alten, unerlösten Wesen und die entschlossene Hinwendung zu der Welt des Lichts.
Der Apostel Paulus scheut sich als Seelsorger seiner Gemeinde nicht, gewisse Nöte und Versuchungen des Lebens höchst drastisch beim Namen zu nennen. Er schreibt an die Römer: »Laßt uns ehrbar wandeln als am Tage, nicht in Fressen und Saufen, nicht in Wollust und Unzucht, nicht in Hader und Neid!« Sehen wir uns diesen Lasterkatalog näher an, und lassen wir ihn uns als einen Beichtspiegel für das eigene Gewissen dienen! Unsere Väter wollten die Adventszeit ja vor allem verstanden wissen als eine Zeit der Besinnung, in der der Mensch alles ausräumen soll, was ihn von Gott trennt. Je tiefer wir uns vor Gott in dieser Zeit der Erwartung beugen, um so reicher kann uns das Christfest beschenken durch den Einzug des Heilskönigs in dem freigemachten Wohnhaus unseres Herzens.
Es sind drei Lebensbereiche, auf die es besonders zu achten gilt. Sie betreffen unseren Leib, unsere Sinnlichkeit und den personalen Austausch von Mensch zu Mensch. Wenn es im Zweiten Thessalonicher-Brief an einer Stelle heißt: »Wer nicht arbeitet, soll auch nicht essen«, dann dürfen wir diesen Satz getrost auch einmal nach der positiven Seite hin wenden, und dann lautet er: Wer arbeitet, der soll auch essen! Wer sich tagtäglich im Schweiß seines Angesichtes plagt, der betreibt besser keine Fastenkünste, sondern ist darauf bedacht, wie er sich gesund und vernünftig ernährt. In dem Sinn werden wir ausdrücklich darauf verwiesen: Wir sollen des Leibes warten. Es kommt gar nicht so selten vor, daß Menschen aus Frömmigkeit ihren Leib vernachlässigen. Sie meinen, sie dürften ihm nichts Gutes gönnen, keine Ruhe, keine Erholung, keine Entspannung, keinen ausreichenden Schlaf. Kein Wunder, wenn solche Menschen unter Umständen früh zusammenbrechen und nicht mehr weiterkön-

nen. Ich könnte mir denken, daß, wenn so ein »frommer Selbstmörder« bereits mit fünfzig Jahren an der Himmelstür erscheint, der Engel, der ihn in Empfang nimmt, zu ihm sagt: Was, du bist schon da? Du kommst reichlich früh, Gott hätte dich gern noch zwanzig Jahre länger in seinem Dienst auf Erden gesehen. Aber du bist ja so töricht und unvernünftig mit deinem Leibesinstrument umgegangen, daß es rascher zerbrochen ist, als es nötig war. Darum sollen wir unseres Leibes warten. Das ist klarer, göttlicher Wille.

Wir wollen aber auch den Zusatz nicht überhören: Wartet des Leibes, doch also, daß ihr nicht seinen Begierden verfallet! Durch unmäßiges Essen und Trinken (die Schrift sagt dafür: Fressen und Saufen), wozu Fest- und Feiertage besonders gern verleiten, wird unser Leib in ganz überflüssiger Weise beschwert und belastet, erregt und gereizt. Es fällt uns dann schwerer als sonst, dem anderen Geschlecht gegenüber beherrscht und zuchtvoll zu bleiben.

Aber auch von der geistigen Ernährung her kann man wesentlich dazu beitragen, ein Kind des Lichtes zu werden und zu bleiben. Es gibt so viele gute Bücher, so viel edle Musik, so viel herrliche Bildkunst. Wie sehr kann uns das alles beschenken und in den Schein des göttlichen Tages stellen! Lassen wir doch das andere weg, das Schlüpfrige und Perverse, das Häßliche und Gemeine, das unsere Phantasie in wilder Weise erregen und verwirren muß. Damit blieben wir im Zwielicht, in der Dämmerung, und die Gefahr wäre groß, daß es zu einem Rückfall in die Welt der Nacht kommt.

Neben die Verletzung des Lebens durch zuchtloses Wesen stellt Paulus die Not der Unversöhnlichkeit. »Nicht in Hader und Neid!« Wie können sich die Menschen das Dasein in Ehe und Familie, in Beruf und Handel wechselseitig schwermachen durch unbeherrschte, lieblose Worte, durch erregte Auseinandersetzungen und wehtuende Kränkungen! Da hat man womöglich eine schöne Wohnung und verdient mehr als genug, und trotzdem ist kein Glück im Haus, weil es am Frieden untereinander fehlt. Lassen wir es doch

nicht Weihnachten werden, ohne uns versöhnt zu haben in der Kraft des Weltversöhners.
Viel ungute Entfremdung zwischen Menschen stammt aus dem Neid. Der Neid ist etwas besonders Häßliches. An den neidischen Anwandlungen, die uns allen schon zu schaffen gemacht haben, kann einem demütigend und beschämend zum Bewußtsein kommen, wie recht die Schrift hat, wenn sie sagt: »Das Dichten und Trachten des menschlichen Herzens ist böse von Jugend auf.« Es ist nun einmal so, daß Gott in seiner Freiheit die Gaben verschieden austeilt. Dem einen gibt er fünf Talente, dem anderen nur zwei. Die eine wird mit Schönheit überschüttet, während die andere sich mit einem durchschnittlichen Gesicht zufriedengeben muß. Dabei läßt Gott keinen von uns leer ausgehen. Er gibt jedem aus dem Reichtum seiner Schöpfungsfülle. So wollen wir für das Empfangene dankbar sein und das Bestmögliche daraus machen. Der Neid aber sieht immer nur, was der andere mehr hat, er gönnt es ihm nicht; und was das schlimmste ist, der Mensch wird darüber unzufrieden, undankbar, ja verbittert gegen Gott. Damit aber zerstört er sich selbst die Gottesgemeinschaft und muß sich nicht darüber wundern, wenn er verhärmt und kraftlos am Boden liegt.
Am allertraurigsten ist es, wenn sich der Neid bis hinein in das kirchliche und theologische Leben erstreckt, was gar nicht so selten der Fall ist. Von Zinzendorf gibt es den kostbaren Liedvers: »Wenn Jesus seine Gnadenzeit bald da, bald dort verklärt, so freu dich der Barmherzigkeit, die andern widerfährt.« Aber wie oft freuen wir uns nicht, wenn in einer anderen Kirche oder Konfession Leben aus Gott aufblüht, wenn einem anderen eine außerordentliche Vollmacht, für Christus zu wirken, zuteil wird.
Hüten wir uns in dem Zusammenhang auch vor jeder Neigung zur Antipathie! Die moderne Seelenheilkunde hat uns mit Recht darauf aufmerksam gemacht, daß wir einen anderen häufig nur darum nicht leiden mögen, weil er etwas hat, was uns selbst durchaus fehlt. In dem Augenblick, wo wir solche neidischen Anwandlungen unter Christi Kreuz

legen und dort zum Absterben bringen, können wir die, die wir bisher nicht gemocht haben, auf einmal erstaunlich ruhig und gerecht beurteilen.
So wichtig es ist, daß wir die Werke der Finsternis abtun, es wird uns das nicht gelingen, wenn wir nicht zuerst und zuletzt auf das Eine bedacht sind, daß wir »Jesus Christus anziehen«. Das Kleid Christi ist ein Kleid der Gerechtigkeit. Wer darein gehüllt ist, der hat Friede mit Gott. Er braucht sich nicht mehr vor dem Gericht zu fürchten, auch wenn vieles in seinem Leben Gott nicht wohlgefällig war. Das Kleid Christi ist aber immer auch ein Kleid der Liebe und der Freundlichkeit. Wer dieses Kleid trägt, der kann in den kommenden Wochen in den überfüllten Geschäften keine Verkäuferin anfahren, weil sie vielleicht nicht schnell genug alle Wünsche zu erfüllen vermochte. Im Gegenteil, wir werden darauf bedacht sein, diesen überforderten Mitmenschen durch ein besonderes Maß von Geduld und verständnisvollem Wesen beizustehen in dem Ansturm, den sie zu bewältigen haben.
In das Kleid Christi gehüllt, empfangen wir die Kraft, das alte Wesen abzutun. Die Nacht der Finsternis weicht nicht unseren Anstrengungen, unseren Befehlen, sie weicht allein dem hellen Morgenstern und dem aufgehenden Tag Gottes. So wollen wir durch die Adventszeit gehen und dabei als Bitte und Gelöbnis die Worte im Herzen bewegen: Der du das Licht des Lebens bist, mache auch uns zu Kindern des Lichtes!

WEIHNACHTEN

Das Wort ward Fleisch

Im Anfang war das Wort, und das Wort war bei Gott, und göttlichen Wesens war das Wort. Dasselbe war im Anfang bei Gott. Alle Dinge sind durch dasselbe gemacht, und ohne dasselbe ist nichts gemacht, was gemacht ist. In ihm war das Leben, und das Leben war das Licht der Menschen. Und das Licht scheint in der Finsternis, und die Finsternis hat's nicht ergriffen.
Es war ein Mensch, von Gott gesandt, der hieß Johannes, der kam zum Zeugnis, daß er von dem Licht zeugte, auf daß sie alle durch ihn glaubten. Er war nicht das Licht, sondern er sollte zeugen von dem Licht.
Das war das wahrhaftige Licht, welches alle Menschen erleuchtet, die in diese Welt kommen. Er war in der Welt, und die Welt ist durch ihn gemacht, aber die Welt erkannte ihn nicht. Er kam in sein Eigentum; und die Seinen nahmen ihn nicht auf. Wie viele ihn aber aufnahmen, denen gab er Macht, Gottes Kinder zu werden, die an seinen Namen glauben, welche nicht von dem Geblüt noch von dem Willen des Fleisches, noch von dem Willen eines Mannes, sondern von Gott geboren sind. Und das Wort ward Fleisch und wohnte unter uns, und wir sahen seine Herrlichkeit, eine Herrlichkeit als des eingeborenen Sohnes vom Vater voller Gnade und Wahrheit. Und von seiner Fülle haben wir alle genommen Gnade um Gnade. Denn das Gesetz ist durch Mose gegeben; die Gnade und Wahrheit ist durch Jesus Christus geworden. Niemand hat Gott je gesehen; der eingeborene Sohn, der in des Vaters Schoß ist, der hat ihn uns verkündigt. Joh. 1, 1–18

Die Weihnachtsgeschichte wird uns im Neuen Testament auf zweifache Weise berichtet. Man könnte sagen, sie wird uns einmal von der Erde und einmal vom Himmel her erzählt. Im Evangelium des Lukas erscheint der Kaiser Augustus mit all seiner Reichsgewalt. Wir werden nach Bethlehem im jüdischen Lande geführt, wo das göttliche Kind in einem Stall in Armut und Niedrigkeit geboren wird. In dem Eingangskapitel zum Johannesevangelium aber dürfen wir den göttlichen Urgrund schauen, aus dem dieses Ereignis hervorgegangen ist und von dem es seinen Glanz und seine Herrlichkeit empfängt.

Der Evangelist Johannes fordert uns auf, soweit unsere Gedanken das vermögen, mit ihm zurückzuwandern an den Anfang und Ursprung alles Werdens und Geschehens, als Gott durch die Machtwirkung seines Wortes die Welt ins Dasein rief, als das Licht geschaffen wurde, als sich Tag und Nacht voneinander schieden, als das Meer und das trockene Land auseinandertraten und auf der Erde das Wunder des Lebens zu blühen und zu wachsen begann.

Wer in seinem Sinn nicht ganz abgestumpft ist, den muß es immer aufs neue überwältigen, wenn am Morgen der Horizont aufflammt im Frühschein der aufgehenden Sonne, wenn des Nachts die Sterne ihre stillen, leuchtenden Bahnen wandern, wenn uns der Wechsel der Jahreszeiten unablässig beschenkt mit Saat und Ernte, mit Korn und Frucht. Was ist es doch für eine unermeßliche Schöpferkraft und Gewalt, die uns in dem allen entgegentritt, und was ist es zugleich für ein Ausdruck der göttlichen Treue, wie uns dieser Wunderreichtum Jahr um Jahr zuteil wird!

An das alles haben wir zu denken, wenn es zum Eingang des Johannesevangeliums heißt: »Im Anfang war das Wort, und das Wort war bei Gott, und göttlichen Wesens war das Wort. Alle Dinge sind durch dasselbe gemacht, und ohne dasselbe ist nichts gemacht, was gemacht ist.« Und doch, so gewiß wir Gottes schöpferisches Wirken in allen Dingen zu spüren meinen, es bleibt uns doch Gottes Gegenwart in diesem allgemeinen Dasein seltsam verborgen. Wir können ihm dabei nicht ins Herz sehen, wir können seinen Namen daraus nicht erkennen. Es brauchen sich dann bloß noch schwere Geschicke und Unglückskatastrophen zu ereignen, und schon fängt der Mensch an, an der Güte Gottes zu zweifeln, ja an der Wirklichkeit Gottes zu verzweifeln.

Der Prolog zum Johannesevangelium bestätigt uns die Tatsache von Gottes Verborgensein mit den Worten: »Niemand hat Gott je gesehen.« Aber dann tun sich uns gleichwohl alle Türen des Himmels auf, wenn es in dem darauffolgenden Satz heißt: »Der eingeborene Sohn, der in des Vaters Schoß ist, der hat ihn uns verkündigt.« Mag die Welt um uns her noch so dunkel sein, mag unser Herz von noch so vielen ungelösten Fragen gequält werden, es gibt eine Stelle in der Welt, in der Zeit, in der Geschichte, da scheint das Licht in der Finsternis, da wird das verborgene Geheimnis Gottes für uns hell und offenbar. Das ist da, wo Jesus Christus uns entgegentritt in seiner gnadenhaften Gestalt, mit seinem lebendig machenden Wort und mit seinem für uns sich aufopfernden Dienst. Dahin müssen wir blicken, dorthin müssen wir gehen. Dann kann es uns geschenkt werden, daß wir neue Augen bekommen, die imstande sind, Gottes Dasein und sein Für-uns-Dasein zu erkennen.

Der Evangelist Johannes faßt das Wunder der Weihnacht in dem einen machtvollen Satz zusammen: »Das Wort ward Fleisch und wohnte unter uns.« Das Wort Fleisch hat in der Sprache des Neuen Testaments einen doppelten Klang. Es kann einmal bedeuten unsere menschliche Gestalt und Natur, und es meint zum andern in einem erweiterten, übertragenen Sinn die von Gott gelöste, Gott widerstrebende, verdorbene menschliche Wesensart. Beide Wortauslegungen müssen wir zusammennehmen und im Gehör behalten, wenn sich uns die Botschaft von der Fleischwerdung des ewigen Wortes in ihrer ganzen Tiefe erschließen soll.

Die ewige Macht und Liebe hat in Jesus Christus nicht nur Worte voll Wahrheit und Leben gesprochen, Gott ist im Christusleben in unser sterbliches Fleisch und Blut eingegangen, er hat sich mit unserer menschlichen Natur auf das innigste vermählt und verbunden. Damit empfängt auch unser Leib eine neue Würde und Verheißung. Was Gott für wert geachtet hat, Wohnstätte seiner Gegenwart zu sein, das können wir nicht mißachten, das dürfen wir nicht verderben. Wie tröstlich ist es für eine junge Mutter, zu wissen: Gott selbst ist in jener heiligen Nacht ein Kind geworden, er hat alle Stufen des kindlichen Werdens durchlaufen, darum kann er auch meinem Kind nah sein in all seinen leiblichen und seelisch-geistigen Entwicklungsnöten. Unsre Ärzte und Schwestern in den Kliniken dürfen sich sagen: Weil Gott menschliche Gestalt und Natur angenommen hat, darum lohnt es sich, für das Leben zu kämpfen und die Krankheits- und Todesmächte zurückzudrängen. Und ebenso gilt: Jeder, der sich dafür einsetzt, daß Hunger und Elend, Armut und Unrecht in der Welt überwunden werden, der tut es und soll es tun um des ewigen Wortes willen, das ins Fleisch kam.

Aber auch den anderen Sinn des Wortes Fleisch müssen wir uns vergegenwärtigen, wenn wir die Weihnachtsbotschaft des Johannesevangeliums im vollen Ausmaß erfassen wollen. Fleisch heißt ja nicht nur menschliche Natur im Sinn von Leib und Blut. Fleisch heißt auch menschliches Wesen in seinem gottabgewandten und gottwidrigen Zustand. Gewiß, es war das reine Wort der Ewigkeit, voll Licht und Klarheit, das in Jesus Christus zu uns auf Erden kam. Dieses reine Wort von oben hätte allen Grund und Anlaß gehabt, sich von einem Menschengeschlecht zu distanzieren, das nichts nach Gott fragt oder das Gott nur für seine eigenen Zwecke mißbraucht. Aber es war der Liebeswille Gottes, sich gerade mit einer solchen Menschheit auf das innigste zu verbinden, um ihr aus allem Jammer zu helfen.

Darum beginnt das Weihnachtsgeschehen auf der untersten Stufe, in der armen Herberge von Bethlehem. Darum tritt Jesus in der Jordantaufe ein in die völlige Solidarität mit dem verlorenen Menschengeschlecht und macht unsere Schuld zu seiner eigenen. Darum wird Jesus der Tischgenosse der Sünder und Zöllner, und noch vom Kreuz her ist er voll erbarmender Zuwendung, als sich ein völlig verirrtes Leben verlangend nach ihm ausstreckt. Darum muß uns eine tiefe Dankbarkeit darüber erfüllen, daß Gott sich unserer sterblichen Natur und unseres sündigen Wesens so liebreich angenommen hat, indem das ewige Wort, das im Anfang war und durch das alle Dinge Bestand und Wesen haben, Fleisch wurde und unter uns wohnte.

Noch auf eine andere Weise sagt uns Johannes, was wir an Christus haben, wenn es heißt: »In ihm war das Leben, und das Leben war das Licht der Menschen.« Wer die Geschichte der Menschheit kennt, der weiß, wie durch alle Jahrhunderte und Jahrtausende der Menschheit gleichermaßen ein unermeßlicher, unersättlicher Lebensdrang und Lebenshunger geht. Der Mensch will leben und nicht sterben. Der Mensch will jung und gesund bleiben, er will nicht altern und krank werden. Nun ist es ja nicht so, als würde die Bibel dieses Verlangen nach Leben von vornherein als etwas Widergöttliches verurteilen, stammt doch die kostbare Gabe des Lebens von Gott dem Schöpfer selbst. Wohl aber werden wir gefragt, ob wir unseren Durst nach Leben aus der rechten Quelle stillen. Zweifellos ist vieles, was die Menschen heute in ihrem Genuß- und Vergnügungshunger Leben nennen, alles andere als lebenserhaltend, sondern viel eher lebenszerstörend.

In Jesus Christus tritt uns die Offenbarung eines Lebens entgegen, das aus der Ewigkeit stammt und das unsre Vergänglichkeit darum zu überdauern vermag. Wer sich mit diesem heilen Leben, das an Weihnachten in die Welt kam, zusammenschließt, der wird erfahren dürfen, daß uns dieser göttliche Lebensstrom die Kraft gibt, den lebenszerstörenden Versuchungen dieser Welt zu widerstehen. Und selbst wenn wir merken, daß das Ziel unserer Tage gekommen ist, dann dürfen wir dennoch die getroste Zuversicht festhalten, daß der, der die Auferstehung und das Leben ist, uns über Grab und Tod hinaus in seiner unvergänglichen Lebensgemeinschaft erhalten wird.

So groß der Herrlichkeitsglanz ist, der in dem vom Himmel her erzählten johanneischen Weihnachtsbericht aufleuchtet, es fehlt in ihm nicht an dunklen Schatten. Unmittelbar steht nebeneinander: »Das Licht scheint in der Finsternis, und die Finsternis hat's nicht begriffen. Er war in der Welt, und die Welt ist durch ihn gemacht, aber die Welt erkannte ihn nicht. Er kam in sein Eigentum; und die Seinen nahmen ihn nicht auf.« All diese Worte weisen darauf hin, wieviel

Blindheit, Feindschaft und Widerspruch Jesus bei seinem Kommen in die Welt finden sollte. Nicht einmal das Volk, das auf Grund einer überreichen prophetischen Verheißung von Gott her in besonderer Weise auf das Erscheinen des Messias vorbereitet war, zeigt sich willig, sich seinem Ruf zu öffnen. Man hat ihn vielmehr mit haßerfüllter Wut wie einen Fremdkörper aus den eigenen Reihen ausgestoßen und hat nicht eher geruht, bis der heilige Mund mit Gewalt zum Schweigen gebracht war.

Die Abneigung und Feindschaft gegen das Kind von Bethlehem ist nicht auf Israel beschränkt geblieben. Das Sich-Verschließen und Sich-Wehren gegenüber dem Wort der Ewigkeit geht durch alle Völker und Zeiten der Menschheitsgeschichte. Das eine Mal äußert sich der antichristliche Haß in blutigen Verfolgungen, dann wieder drückt er sich aus in geistreich-zersetzendem Spott, der sich gegen alles richtet, was mit Jesu Namen und Werk zusammenhängt.

Wie ist es zu erklären, daß das unschuldige Kind von Bethlehem nicht nur dankbare Anhänger, sondern auch ein Heer von Feinden und Verfolgern gefunden hat? Weil dieses Kind der Maria aus der lichten Klarheit der Ewigkeit stammt, darum wirkt es auf alle, die mit ihm in Berührung kommen, wie eine helle Sonne, vor der nichts unentdeckt bleibt. Im Licht dieser Sonne wird alles offenbar, was wir vor anderen und vor uns selbst gern verborgen halten möchten. So ging es jener ehebrecherischen Frau am Brunnen von Samarien, die mit Jesus ins Gespräch kam. Sie eilt in die Stadt zurück und berichtet ihren Landsleuten von dem Propheten, dem sie begegnet ist, mit den Worten: »Er hat mir alles gesagt, was ich getan habe.«

Diese aufdeckende Klarheit, die im Angesicht Jesu Christi geschieht, können viele Menschen nicht ertragen. Sie spüren: Ich müßte mein Leben auf einen völlig neuen Grund stellen, wenn ich der Christusgemeinschaft teilhaftig werden will. Diese Wandlung aber mag man nicht vollziehen, und darum wendet man sich lieber von ihm ab oder bekämpft ihn gar, um nicht fernerhin von ihm beunruhigt zu werden.

So wird das Kind in der Krippe zur Scheidung der Geister. Die einen verweigern ihm damals wie heute den Raum in der Herberge. Daneben aber steht die unübersehbare Schar derer, von denen es heißt: »Wie viele ihn aufnahmen, denen gab er Macht, Gottes Kinder zu werden, die an seinen Namen glauben, welche nicht von dem Geblüt noch von dem Willen des Fleisches, noch von dem Willen eines Mannes, sondern von Gott geboren sind.« Es gilt, dem Christuskind Raum zu gewähren in unserem Herzen. Wir wollen uns ihm ausliefern, ihm angeloben und anvertrauen. Das alles meint das schlichte Wort »glauben«. Das Kindschaftsverhältnis mit Gott, das dadurch entsteht, geht nicht auf eine irdische Erzeugung durch Manneskraft und -willen zurück, sondern auf eine Neugeburt von oben durch den Geist Gottes und hat darum die Verheißung, in Zeit und Ewigkeit zu bestehen.

Wie kann man denn zu dieser weihnachtlichen Glaubensfreudigkeit und Kindeszuversicht gelangen? Mancher klagt: Ich möchte es ja gern und weiß doch nicht, wie ich es anfangen soll! Der Evangelist Johannes gibt uns dazu einen Hinweis, wie es bei ihm selbst und bei der Schar der mitfolgenden Jünger geschehen ist. Er schreibt: »Wir sahen seine Herrlichkeit, eine Herrlichkeit als des eingeborenen Sohnes vom Vater voller Gnade und Wahrheit.« Also, auf das Hinzutreten und Sehen kommt es an. Gleich den Hirten auf den Fluren zu Bethlehem gilt es zu sprechen: »Laßt uns gehen und die Geschichte sehen, die da geschehen ist, die uns der Herr kundgetan hat.« Es genügt nicht, nur philosophische Reflexionen darüber anzustellen, ob das Endliche fähig ist, das Unendliche zu fassen, oder ob es denkmöglich ist, daß *ein* Punkt der Geschichte die ganze Fülle der Ewigkeit in sich aufzunehmen vermag. Auf solche Weise kommen wir nicht weiter. Wir müssen das Bild Christi in uns aufnehmen, wie es uns die Evangelien vor Augen malen. Über diesem Betrachten wird sich dieses Bild uns einprägen, und je mehr dies geschieht, um so froher und gewisser werden wir werden im Anschauen seiner Herrlichkeit.

Johannes nennt das Bild Christi im Unterschied zu Mose ein Bild »voller Gnade und Wahrheit«. So groß Mose war als Diener und Knecht im Hause Gottes, seine Erscheinung hat doch etwas Gnadenloses an sich. Stell es dir als Bild vor Augen, wie er mit den Tafeln der göttlichen Gebote vom Berg Sinai herabstürmt und das Volk im Tanz um das Goldene Kalb, um den ägyptischen Stier, feiern sieht! Da zerschmettert er im Zorn die Tafeln und beginnt, ein unbarmherzig hartes Gericht unter dem abtrünnigen Volk abzuhalten. Hier steht ein Mann Gottes vor uns, der wohl glühend für die Wahrheit kämpft, aber die Freundlichkeit der Gnade suchen wir vergeblich auf seiner umwölkten Stirn. In Jesus Christus aber finden wir beides vereint: das heilige, kompromißlose Kämpfen für Gottes Wahrheit und Ehre unter den Menschen auf Erden und daneben, alles überstrahlend, die gnadenhafte Güte, die Mitleid hat mit unserer Schwachheit und die uns nicht um unserer Missetaten willen verstößt. Von dieser Fülle dürfen wir nehmen, wie Johannes sagt, »Gnade um Gnade«. Jesus ist so reich, daß er uns alle zu beschenken vermag, wie verschiedenartig wir auch nach Heimat und Beruf, nach Alter und Begabung geprägt sein mögen. Die Inkarnation des ewigen Wortes hat sich in allen Völkern des Erdkreises ausgewirkt. Jedes Land, jede Rasse, jeder Kontinent hat von ihm genommen und gelernt, und diese Bewegung ist bis auf den heutigen Tag nicht zum Stillstand gekommen. Es gibt einen germanischen Christus: Wir können dabei an den Heliand und an Wolfram von Eschenbach denken. Es gibt einen russischen Christus: Der Name Dostojewskis mag dafür als Beispiel stehen. Es gibt einen indischen Christus, wie er im Leben von Sadhu Sundar Singh erscheint. Auch in die Seele Afrikas ist Christus tief eingedrungen, so sehr sich auch die Religion des Halbmondes dem Siegeszug des Evangeliums dort entgegenstellt. Wir aber wollen nicht zu denen gehören, die sich in Gleichgültigkeit oder Herzenshärtigkeit dem stillen Werben des Kindes in der Krippe widersetzen. Wir wollen uns seiner Geburt dankbar freuen und die von dorther empfangene Gottesliebe in die Nähe und in die Ferne ausströmen lassen, daß viele mit uns froh werden über dem Geschenk der Weihnacht.

Gottes Reichtum kommt zu unserer Armut

Denn ihr wisset die Gnade unsers Herrn Jesus Christus, daß, ob er wohl reich ist, ward er doch arm um euretwillen, auf daß ihr durch seine Armut reich würdet. 2. Kor. 8,9

Die Schriftstellerin Alja Rachmanowa, die lange Zeit in Rußland lebte, hat ein Buch geschrieben, das den Titel trägt: »Die Fabrik des neuen Menschen«. Die Dichterin zeigt uns in diesem Werk eine Fülle von Gestalten, die alle von dem einen Traum beseelt, von dem einen Ziel besessen sind, ein neues, vollkommenes Menschenideal zu schaffen. Da begegnet uns als Vertreter der alten, bürgerlichen Zeit die Gestalt eines Vaters, der in sein eigenes Kind so verliebt ist, daß er darüber hinaus keinen höheren Lebensinhalt und Wert kennt. Stolz zeigt er seinen Gästen das wohlgebildete Mädchen und rühmt sich vor ihnen bei der Tafel: Diese Tochter ist das Kunstwerk meines Lebens. Daneben wird das Bild eines höheren Sowjetbeamten gemalt, der auf dem Weg über den Kommunismus eine neue Menschheitszukunft erwartet. Er hat in einem großen Gebäude verwahrloste, mehrfach vorbestrafte Menschen gesammelt. Er gibt ihnen Arbeit und Brot, Vergnügungen und Bildung und hofft, auf diese Weise neue Menschen aus ihnen fabrizieren zu können. Aber die Dichterin zeigt in erschütternden, glaubwürdigen Bildern, wie furchtbar all diese Versuche zuschanden werden an der Gier und Unreinheit des menschlichen Trieblebens.

»Fabrik des neuen Menschen« heißen's die einen. Wir wollen den Übermenschen züchten! rufen die andern. Dahinter steht immer das gleiche Sehnsuchtsziel: die Vergottung des Menschen, der Versuch, einen Menschen der Zukunft zu schaffen. Mag der Weg hin zu diesem Ziel bisher noch so oft in Enttäuschung und Versagen geendet haben, man will den Sturm in dieser Richtung mit jeder Generation von neuem aufnehmen.

Die Weihnachtsbotschaft aber ruft uns zu: Schreibt ein anderes Wort in euer Herz hinein, nicht das Wort von der Vergottung und Vergötterung des Menschen, sondern das große, frohe Wort von der Menschwerdung Gottes!

Die Frage: Wer war Jesus? hat die Menschen seit den Tagen seines Erdenlebens nie mehr losgelassen. Mit immer neuer Leidenschaft des Herzens hat man bis herein in unsere Tage darum gerungen, zur Klarheit über dieses einzigartige Leben zu gelangen. Selbst da, wo man die Gestalt Jesu abgelehnt hat, kann man noch an der Heftigkeit der Abwehr etwas davon ahnen, wie schwer es den Feinden Jesu geworden ist, innerlich von ihm loszukommen. Woher stammt diese merkwürdige Kraft Jesu über die Menschenherzen? Jesus hat darauf für jeden, der es nur hören will, eine Antwort voll unzweideutiger Klarheit gegeben: Er stammt nicht von unten her, er ist von oben her. Er kommt aus dem Herzen Gottes und bringt uns den ganzen Reichtum Gottes auf die Erde.

Wenn du wissen willst, wie Gott, der unsichtbare, verborgene Gott, in seinem tiefsten Wesensgrund ist, so schaue hin auf Jesus, da wird es dir offenbar! Christus ist, mit einem Wort der urchristlichen Botschaft geredet, »das Ebenbild des unsichtbaren Gottes«. Er ist der Sohn, der mit dem Vater in einzigartiger Gemeinschaft steht, der uns darum auch Gott in einzigartiger Weise kundmachen kann. Willst du wissen, wie Gott über die Sünde denkt, ob er sie uns nachträgt, ob er sie uns vergibt, so mache dir über diese Frage, deren Tragweite bis in die Ewigkeit hineinreicht, keine selbstersonnenen Gedanken. Schaue hin auf Christus! Aus seinem Munde bekommst du die Antwort Gottes auf die tiefste Lebensnot.

Wir fragen uns manchmal: Wie müßte ein ganz reines, Gott wohlgefälliges Leben aussehen? Gott sei Dank, wir brauchen uns darüber keine künstlichen Vorstellungen zu machen. Wir blicken auf Jesus, wie er dem Angriff der Sünde widerstand, wie er dem Willen Gottes in allen Stücken gehorsam war, wie er bis in Leid und Tod hinein sein Leben in Liebe aufopferte, und wir werden in Scham und Sehnsucht ergriffen von diesem Reichtum, der an Weihnachten aus der Welt Gottes zu uns auf Erden kam.

Wenn uns Gott in einer lebendigen Heilandsgestalt mit dem ganzen Reichtum seines Wesens nahe kommt, dann, so möchten wir nach menschlicher Weise wähnen und erwarten, sollte dieser schöne Glanz Gottes in einer entsprechend ansehnlichen Erscheinung vor uns hintreten. So ist es doch sonst überall auf Erden. Die Könige gehen geschmückt in Gold, Samt und Seide. Die großen politischen Führer der Völker bewohnen herrliche Paläste. Wäre es darum nicht auch für das Kind Gottes angemessen und geziemend, wenn es statt in einem Stall im Palast des Kaisers Augustus, im Haus des Hohenpriesters zu Jerusalem oder in der Hofburg des Königs Herodes das Licht der Welt erblickt hätte? Was hat das zu bedeuten, daß der Heiland so arm auf Erden kam und so arm auf Erden blieb?

Alle Lieblichkeit unserer alten Weihnachtsspiele und Weihnachtslieder kann ja über die Tatsache nicht hinwegtäuschen, daß über der Geburt Christi eine erschütternde Armseligkeit liegt. Jede Mutter, die schon einmal einem Kind das Leben gab und in ihrer schweren Stunde dankbar war für alle Tüchtigkeit des Arztes, für Sauberkeit und Wärme des Zimmers, für Schonung und liebevolle Pflege von seiten der Familienangehörigen, kann am besten ermessen, wie bitter schwer und gefahrenbedroht für Maria und das Kind eine Geburt im Stall, in der Herberge bei den Tieren, gewesen sein mag.

Diese Armut bleibt bei Jesus. Er sucht und sammelt keine Reichtümer. Das Wohlbehagen und Glück eines angesehenen Lebens bleiben ihm fern. Des Menschen Sohn hat nicht, wo er sein Haupt hinlege. Der letzte Weg der Passion ist vollends ein Weg der Verachtung und der Schande, der Qual und der Schmerzen. Hart wie das Holz der Krippe ist das Holz des Kreuzes.

Ja, Paulus hat recht mit seinem Wort: Er, der reich war, der die ganze Herrlichkeit des Himmels bei sich hatte, er ward arm. Aber gleichzeitig wird hinzugefügt: Er ging diesen Weg der äußersten Armut um unseretwillen. Wie sollen wir das verstehen? Wir werden die Antwort darauf nach einer doppelten Richtung hin suchen dürfen.

Wenn ein Mensch von schwerer Leibes- und Seelennot bedrückt ist, dann kann er Menschen, die von Kraft, Gesundheit und Wohlstand nur so strotzen, innerlich kaum ertragen und verkraften. Wir wagen es gar nicht, mit solchen gesättigten Menschen ein Gespräch über unser Leid zu beginnen, weil wir ja doch schon im voraus wissen: Hier werden wir niemals verstanden, es fehlen dafür alle Voraussetzungen. Aber wie ganz anders ist es, wenn wir in solchen dunklen Lagen und Stunden einem Menschen begegnen, der selbst schon viel gelitten hat, der brüderlich mitfühlen kann, wie es einem Kranken, einem Armen, einem Verzweifelten, einem schwermütigen Menschen in seiner Not zumute ist. Da gehen uns Herz und Mund auf. Wir wagen es, uns rückhaltlos auszusprechen, und sind gewiß: Hier werden wir angenommen.

Darum hat Jesus den untersten Weg der Niedrigkeit und der Armut gewählt, als er den Reichtum, den er bei Gott besaß, dahinten ließ und zu uns auf Erden kam. Er wollte es nicht besser haben als der große Teil der notleidenden Menschheit, er wollte alles mit uns teilen, Hunger und Durst, Anfechtung und Seeleneinsamkeit, Leibesqual und Todesnot. Darum dürfen wir uns aber auch bei jedem Schmerz, der uns trifft, bei jedem Leid, das niederschlägt, ganz getrost sagen: Christus kennt das, Christus versteht das. Er weiß, wie es in einem bekümmerten, angefochtenen Herzen aussieht, er weiß, wie weh der Hohn und Spott, die Verständnislosigkeit und Kälte der Welt tun, er weiß, wie die

Schmerzen eines gequälten Leibes auch die Seele so überfluten können, daß sie alle Fassung zu verlieren droht. Wie dankbar müssen wir dafür sein, daß uns in der Geburt Christi ein armer Heiland geschenkt worden ist, der mit unserer Schwachheit Mitleid haben kann, weil er selbst die Riesenlast des Weltleides gekostet und getragen hat!

Noch nach einer anderen Richtung hin wollen wir es verstehen lernen, warum Gott in Jesus Christus diesen Niedrigkeitsweg auf Erden gegangen ist.

Wer über den Gesamtinhalt der Bibel nachdenkt, dem muß auffallen, wie Gott bei der Durchführung seiner Pläne gern das Geringe wählt und wie er das zurückstellt, was vor der Welt als groß, glanzvoll und herrlich gilt. Da sind die ungeheuren Weltreiche Assur, Babylon, Ägypten und Perserland mit ihrer unvorstellbaren Machtfülle. Gott läßt sie aufblühen und vergehen und beginnt derweilen mitten in einem kleinen, geringgeachteten Volk, auf dem harten Boden des Heiligen Landes, das Werk der Vorbereitung und Erziehung auf sein Reich hin. Auch innerhalb dieses armen Volkes wird wieder das Geringe vor dem Großen erwählt: Jakob, der Zweitgeborene vor Esau, der im Besitz des so hochgeachteten Erstgeburtsrechtes ist, der unscheinbare Hirtenknabe David vor dem streitbaren, mächtigen König Saul. Jeremia, der Prophet mit der zarten Seele, der sich scheut, vor Volk und Könige öffentlich hinzutreten, er wird als Werkzeug zur Kundmachung der göttlichen Befehle und Willensratschlüsse berufen und gebraucht. Und dann wieder ist es Maria, vor der Welt belastet mit dem Verdacht der Schande, die als Mutter des Heilands ausersehen wird. In Bethlehem, in dem verfallenen Dorf einstiger Herrlichkeit, wird das göttliche Kind geboren, und dort wieder sind es ein Stall und die Futterkrippe der Tiere, dahinein der himmlische Schatz gelegt wird.

Was ist der Sinn dieses eigenartigen göttlichen Gesetzes, daß das Arme vor dem Hohen bevorzugt wird, im Alten wie im Neuen Testament, in der Kirchengeschichte der Vergangenheit wie in der Missionsgeschichte der Gegenwart?

Wir könnten zunächst darauf antworten: Damit bekundet Gott seine überlegene Freiheit, seine unbedingte Herrschaftsmacht in der Schöpfung, in der Geschichte. Er läßt sich die Wege von uns nicht vorschreiben. Er geht mitten durch unsere Ansprüche und Vermutungen hindurch seinen Weg zu seinem Ziel. Aber wir müssen noch tiefer graben.
Wer die Art der Wege Gottes recht verstehen will, der muß erst einmal gründlich erschrocken sein vor der furchtbaren Gewalt der Ichsucht, der Machtgier, der Rücksichtslosigkeit, deren das Menschenherz in aller Welt fähig ist. Durch die Sünde sind all unsere Maßstäbe und Urteile entstellt und verzerrt. Wir meinen, was glanzvoll vor der Welt ist, das müsse auch glanzvoll bei Gott sein, und was armselig, gering und unansehnlich in den Augen der Menschen ist, das könne auch vor Gott nicht viel taugen. Gott aber zerstört unsere stolzen, naiven Gedankengebäude. Er läßt die hochmütigen, selbstherrlichen Menschen leer ausgehen und gibt den Demütigen seine Gnade, seine Hilfe, seinen Sieg, um dadurch kundzumachen: Das wahrhaft Große liegt nicht in dem, was wir erzwingen und an uns reißen, sondern in dem, was Gott uns schenkt.
Darum kommt das Jesuskind nicht in einem Palast, nicht auf den sogenannten Höhen der Menschheit zur Welt, sondern in dem armseligen Stall zu Bethlehem. Martin Luther hat das in seinem Kinderlied auf die Weihnacht zutiefst verstanden und in rührender Weise zum Ausdruck gebracht:

Ach Herr, du Schöpfer aller Ding,
wie bist du worden so gering,
daß du da liegst auf dürrem Gras,
davon ein Rind und Esel aß.

Und dann fährt Luther fort und erklärt es uns:

Das hat also gefallen dir,
die Wahrheit anzuzeigen mir,
wie aller Welt Macht, Ehr und Gut
vor dir nichts gilt, nichts hilft noch tut.

Gottes Reichtum kommt zu unserer Armut. Das ist der eine Freudenklang, den wir als Weihnachtsbotschaft hören dürfen. Aber wir wollen darüber den anderen Freudenton nicht überhören: »Er ward arm um unseretwillen, auf daß wir reich würden durch seine Armut.« Ja, unsere Armut soll voll von Gottes Reichtum werden! Erst wo das lebendig erfaßt und erfahren wird, wird es wirklich Weihnachten in einem Menschenherzen, in einem Haus, in einer Gemeinde.
In einem alttestamentlichen Prophetenwort heißt es einmal: »Es ist das Menschenherz ein trotzig und verzagt Ding, wer kann es ergründen.« Auch auf die weihnachtliche Verheißung, daß unsere Armut voll Reichtum Gottes werden soll, antwortet das Menschenherz bald im Trotz, bald in Verzagtheit. Da sind die einen, die erklären: Laßt uns doch in Ruhe mit eurem ewigen Gerede von der Menschen Armut, verschont uns mit der Melodie von der menschlichen Erlösungsbedürftigkeit. Es steht gar nicht so schlimm um den Menschen, wir sind gar nicht so arm und elend, wie ihr Theologen behauptet! Wir haben den Reichtum Gottes in uns selbst, wir brauchen ihn bloß zu entfalten. Wir können uns selbst helfen und uns höher entwickeln, wir wollen keinen geschenkten Reichtum, wir haben keinen Heiland, keinen Mittler zu unserem Heil nötig.
Wir wissen, wie viele Menschen heute in allen Landen so denken. Als Christen können wir solchen trotzigen Reden nur eine Frage entgegenhalten: In was für einer Welt lebt ihr eigentlich? Seht ihr denn nicht, wie die Menschheit heute aus tausend Wunden blutet, wie sie nicht mehr aus noch ein weiß, und wie kein Arzt zu finden ist, der helfen und heilen kann? Was muß denn noch alles an Elend, Zusammenbruch, Scheußlichkeit und Verzweiflung in der Welt geschehen, bis die Menschen einsehen, daß wir arm an Gott sind, daß wir bedürftig sind einer Weihnachtsgabe, die uns den verlorenen Reichtum Gottes auf Erden bringt?
Aber bleiben wir nicht stehen beim Blick auf die Weltlage, denken wir an unser eigenes Herz. Haben wir persönlich es nicht am allermeisten nötig, daß ein Heiland zu uns kommt?

Wieviel geht in ein Jahr mit 365 Tagen hinein an Schuld und Versäumnis, an Untreue und Verwirrung der Gefühle. Wir sind wieder ein Stück älter geworden. Aber sind wir auch ein Stück freier geworden im Blick auf die Leidenschaften und Verhärtungen unseres Herzens, oder ist es noch immer die alte, unveränderte Not, die sich tiefer und tiefer in unser Wesen eingefressen hat? Es ist keiner unter uns, der im Licht einer solchen Prüfung mit gutem Gewissen sagen könnte: Ich bin satt und reich, ich habe keine Fehler und Mängel an mir. Ich bedarf keiner Vergebung und Erlösung durch Gott, ich fühle mich in mir selbst rein, vollkommen und gut. Nein, wir wollen zu Christus hin eilen und zu ihm sprechen: O Jesus, arm, krank und elend ist die Behausung meines Herzens, komm du zu mir mit deinem Reichtum, du Brot des Lebens, du lebendige Quelle, du aller Fülle vollkommene Fülle, nimm du von mir die Schuld der vergangenen Tage, vergib mir mein verdorbenes Wesen und Handeln, laß mich von meiner Sünde genesen durch die Gemeinschaft mit dir.
Wir Menschen sind der seelischen Not nach verschieden geartet. Während sich die einen gegen Gottes Weihnachtsgabe im Trotz ablehnend verhärten, schließen sich andere von diesem Reichtum aus durch die Müdigkeit und Trauer ihres verzagten Wesens. Diese zweite Gruppe von Menschen sagt uns: Ja, es wäre wohl nötig, daß uns allen von Grund aus geholfen würde. Es steht ja jammervoll um die Welt, um die Menschheit, um unser Volk, um die Kirche, um meine Familie, um mein eigenes Herz. Aber ich hab' alle Hoffnung aufgegeben und verloren, daß es jemals in diesen Lebensbereichen anders werden könnte. Der Teufel scheint mir hier auf Erden stärker zu sein als Christus. Es kommt doch nie zu einer Besserung.
All diese enttäuschten und erschöpften Menschen dürfen sich in besonderer Weise das Wort gesagt sein lassen: »Er ward arm um unseretwillen, auf daß wir reich würden durch seine Armut.« Das ist ja das Wundergeschenk der Weihnacht: Gott will uns nicht fernbleiben. Er will sich uns ganz zu eigen schenken, er will sich mit uns auf das innigste ver-

binden und uns im Fleisch nahe sein mit seiner schützenden und lebendig machenden Gegenwart. Unser Herz darf selbst ein Bethlehem werden, darf zur Krippe werden, wo Christus Wohnung nimmt. Wenn wir dieses Gotteskind bei uns zur Herberge aufnehmen, dann braucht uns nicht mehr bange zu sein vor unserer Schuld, vor dem Ansturm der Welt, dann darf unsere Seele genesen, dann wird vieles neu werden in unserem Leben; ja bis in die kranke Leiblichkeit hinein dürfen wir es erfahren, wie Christus heilen kann.

In dem zu Anfang genannten Buch »Die Fabrik des neuen Menschen« wird uns eine christliche Frauengestalt geschildert. Die Studentin Tanja wird als reines Mädchen von einem betrunkenen Mann, der gleichzeitig ihr Vorgesetzter ist, in der rohesten Weise an ihrem Körper vergewaltigt. In einem Sturm von Scham, Empörung und Verzweiflung will sie ihrem verpfuschten Leben ein gewaltsames Ende machen. Aber dann heißt es: »Da dachte sie an Christus, wie er den Weg der Schande und des Elends gegangen war, ohne zu verzweifeln«, und sie faßt wieder Mut, mit Christus ihr schweres Leben weiter zu tragen. Sie bleibt in einer Welt voll Roheit und Schmutz, voll Armut und Gefahr in der Verbundenheit mit Christus und läßt sich durch nichts aus dieser Bahn werfen. Möge auch uns nie das Bild dessen verlassen, der um unsertwillen in Armut zur Erde kam, auf daß wir schon hier auf Erden in allen Lagen und zu allen Stunden Gottes Reichtum bei uns hätten.

JAHRESANFANG

Der Herr aller Dinge

Wir haben nur einen Gott, den Vater, von welchem alle Dinge sind und wir zu ihm; und einen Herrn, Jesus Christus, durch welchen alle Dinge sind und wir durch ihn. 1. Kor. 8, 6

Bei dem Übergang von einem altgewordenen zu einem neuen Jahr geht es uns wohl allen so, daß uns das Geheimnis der Zeit in besonderer Weise anrührt. Während die Blumen, so will es uns wenigstens scheinen, zeitlos im Licht der Sonne Gottes träumen, ist der Mensch dasjenige Geschöpf und Wesen, das um seine Zeit weiß.

Die Zeit hat für uns ein dreifaches Gesicht, und mit jedem blickt sie uns wieder anders an. Die Zeit als Vergangenheit liegt fest. Wir können an dem nichts mehr ändern, was einmal geschehen ist, was wir versäumt haben. Wir können nur Gott bitten, daß er in seiner Barmherzigkeit bedecken und zurechtbringen möge, was wir verdorben haben.

Die Zeit als Gegenwart ist quellfrisch. Sie strömt uns aus ewigen Tiefen zu und schenkt uns neue Möglichkeiten. Wie reichhaltig ist doch ein neues Jahr, frisch und unverbraucht, wenn wir es durch Gottes Güte abermals beginnen dürfen! Wieviel geht hinein in zwölf Monate, in 365 Tage! Was läßt sich da alles schaffen und wirken an Gutem und Wertvollem in Beruf und Familie, in Schule und Haus, in Handwerk und Wissenschaft, im Dienst am Nächsten und an der Menschheit! Wollen wir doch treu sein mit diesem kostbaren Gut der anvertrauten Zeit! Gott, der Herr über unsere Lebenszeit, wird uns nicht nur einmal fragen: Wie bist du mit deinem Leib umgegangen, den ich dir ins Leben mitgab? Bist du in der Verwaltung von Geld und Gut treu und gewissenhaft gewesen? Gott wird uns auch einmal fragen: Was hast du aus diesem Jahr gemacht?

Die Zeit hat noch ein drittes Gesicht. Sie erscheint uns nicht nur als erstarrte Vergangenheit und als quellfrisch sprudelnde Gegenwart, sie liegt vor uns als undurchdringliche Zukunft, wie mit tausend Schleiern verhüllt. Keiner von uns kann am Neujahrsmorgen die Frage unterdrücken: Was wird mir und denen, die mir am nächsten stehen, das neue Jahr bringen? Werde ich sie noch alle am Ausgang des Jahres um mich haben, und werden sie mich dann noch an ihrer Seite sehen, oder wird der Tod in der grausamen, jähen Art, mit der er zugreifen kann, die eine oder andere Lebenslinie hart abbrechen?
Aber auch wenn wir das neue Jahr heil und gesund durchlaufen und zu Ende bringen dürfen, was geht alles in ein Jahr hinein an Kummer, an Enttäuschung, an Überraschungen und Aufregungen, an Krisen und Gefährdungen, und das sowohl im privaten wie im öffentlichen Leben und Geschehen! Kein Wunder, wenn viele Menschen sich aus Angst und Sorge in der Silvesternacht berauschen und betäuben, nur um nichts denken zu müssen, wenn sie zu allen möglichen abergläubischen Maßnahmen greifen, die der Sicherung oder der Enthüllung gegenüber der Zukunft dienen sollen. Wir wollen auf all solche fragwürdigen Stützen verzichten und uns statt dessen an die tröstliche Zusage halten, die uns aus dem göttlichen Wort gegeben wird: »Wir haben *einen* Gott, den Vater, von welchem alle Dinge sind und wir zu ihm; und *einen* Herrn, Jesus Christus, durch welchen alle Dinge sind und wir durch ihn.«
Der Apostel Paulus hat dieses Wort ursprünglich für griechische Menschen geschrieben. Wenn auch damals im römischen Kaiserzeitalter die Götter Griechenlands weithin schon verblaßt waren, so gab es doch immer noch die uralten Heiligtümer: Delphi, wo Apollon verehrt wurde, Olympia, wo die Tempel des Zeus und der Hera standen, Eleusis, wo Demeter und Dionysos gefeiert wurden, und immer noch strömten die Menschen zu den religiösen Kultfeiern in Scharen dorthin. In Anspielung darauf schreibt der Apostel an die Korinther: »Und wiewohl solche sind, die Götter ge-

nannt werden, es sei im Himmel oder auf Erden, wie es ja viele Götter und viele Herren gibt, so haben wir doch nur *einen* Gott, den Vater, und *einen* Herrn, Jesus Christus.« Wir können als Menschen des 20. Jahrhunderts im Rückblick auf eine so fernliegende Zeit nur schwer ermessen, wie befreiend, wie großartig diese Botschaft damals gewirkt haben mag, als sie zum erstenmal auf dem Hintergrund des antiken Götterglaubens erklang. Paulus bestreitet nicht, daß es Mächte und Gewalten in überirdischen Bereichen gibt, die hereinragen in das Geschehen der Natur, die einwirken auf das feuerflüssige Werden der Geschichte. Aber, so sagt der Brief an die Gemeinde von Korinth, das alles braucht euch nicht mehr zu imponieren, das alles darf euch nicht mehr schrecken, es fällt in wesenlosem Schein dahin, wenn ihr euch an den haltet, der euch in Jesus Christus sein Vaterherz erschlossen hat und der euch mit diesem Heilandsleben einen Herrn gegeben hat, der euch halten kann und regieren will.
Vor einem Vierteljahrhundert erschien ein Buch mit dem aufsehenerregenden Titel »Die Götter des Abendlandes«. Der Verfasser, der Schweizer Professor Theophil Spoerri, hat in diesem Werk mit Recht darauf hingewiesen: Wir neuzeitlichen Menschen fühlen uns wohl als aufgeklärte Leute hoch erhaben über den Götterglauben von Hellas, Ägypten und Vorderasien. In Wahrheit hat auch das Abendland sehr wohl seine Götter und dient und huldigt ihnen in grenzenloser Hingabe. Im Grund haben nur die Namen gewechselt, die Abhängigkeit ist unverändert die gleiche geblieben. Unsere Götter heißen Mammon und Genußsucht. Sie tragen den Namen: der Glaube an den Fortschritt, der Glaube an die Allmacht der Vernunft, der Glaube an das Recht des Erfolgs. Dionysos feiert wie einst seine Feste unter uns, wenn wir an die Milliarden DM denken, die alljährlich in der westdeutschen Bundesrepublik dem Alkoholkapital zufließen. Aphrodite und Venus werden nicht zu kurz kommen, wenn sich jetzt alsbald nach Jahresbeginn die Faschingsveranstaltungen wieder überstürzen, während Mars am politi-

schen Himmel düster funkelt und die Völker nicht zum Frieden und zur Ruhe kommen läßt. Die Gewalt und Bedrohung, die Faszination und die Anziehungskraft dieser neuzeitlichen Göttermächte geht auch durch unser Herz mitten hindurch. Darum brauchen wir im Blick auf das neue Jahr die Schutzmacht des lebendigen Gottes, der uns in Jesus Christus Vater und Herr zugleich sein will. Das Wort vom Vater schenkt uns die Zuversicht: Wir dürfen vertrauen. Das Wort von Christus, dem Herren, aber möchte in uns die Bereitschaft erwecken: Wir wollen uns von ihm führen lassen.

Bei den Göttern der Heiden verhielt und verhält es sich so, daß jede Gottheit jeweils nur *eine* Naturkraft repräsentiert. So war bei den Griechen Poseidon der Gott des Meeres, während es für die Winde und die Quellen, für die Brunnen, für die heiligen Haine und Bergeshöhen wieder andere verehrungswürdige numinose Wesen gab. Niemals war bei einer Gottheit allein völlige Geborgenheit und Zuflucht zu finden. Immer mußte noch diese oder jene Schutzmacht mit hinzugenommen und angefleht werden, wenn der Mensch wirklich Vertrauen fassen sollte im Blick auf den Weg, der vor ihm lag.

Auch in unseren Tagen gibt es Ungezählte, die der Meinung sind, der sei weitaus am besten dran, der sich an viele Götter hält, an die Weisheit der Sterne, an den die Nerven beruhigenden Gott Mammon, an ein Amulett, das unter dem Kleid getragen wird, und was einem sonst noch alles als Hilfe gegen Weltangst und Weltsorge empfohlen wird. Die biblische Botschaft Alten und Neuen Testaments aber ruft uns zu: Setze dein Vertrauen niemals auf irgendeine begrenzte Herrschaftsmacht, halte dich an den einen Gott, der Himmel und Erde gemacht hat, der alle Kräfte in sichtbaren und unsichtbaren Reichen umfaßt und von dem und durch den und zu dem hin auch unser kleines Leben ist! Wie frei und überlegen wird der Mensch, der sich von dieser Allmacht Gottes getragen und umfangen weiß! Wenn der Tag anbricht, dürfen wir singen: »All Morgen ist ganz frisch und neu des

Herrn Gnad' und große Treu', sie hat kein End' den langen Tag, drauf jeder sich verlassen mag.« Wenn der müde Leib beim Einbruch der Nacht nach Schlaf und Ruhe verlangt, dürfen wir beten: »Komm, verschließ die Kammer und laß allen Jammer ferne von uns sein; sei du Schloß und Riegel, unter deine Flügel nimm dein Küchlein ein! Deck uns zu mit Schutz und Ruh, so wird uns kein Grauen wecken, noch der Feind erschrecken.« Gilt es, eine Reise anzutreten, magst du die Worte im Herzen bewegen: »In allen meinen Taten lass' ich den Höchsten raten, der alles kann und hat; er muß zu allen Dingen, soll's anders wohl gelingen, selbst geben Segen, Rat und Tat.« Mußt du den schweren Gang zu einer Operation in der Klinik auf dich nehmen, halt dich an den Liedvers: »Hat er es denn beschlossen, so will ich unverdrossen an mein Verhängnis gehn; kein Unfall unter allen wird je zu hart mir fallen, mit Gott will ich ihn überstehn.« Wie arm und fragwürdig sind demgegenüber die Menschen dran, die erklären: Es wird mir schon nichts zustoßen, ich bin ja nicht an einem Freitag abgereist, dazu achte ich bei jeder Übernachtung im Hotel sorgsam darauf, daß man mich nicht in ein Zimmer Nummer 13 legt!

Nun könnte es ja sein, daß einer sagt: Vor einem Jahr bin ich auch voller Gottvertrauen an die neuen zwölf Monate herangegangen, aber ich bin bitter enttäuscht worden. Gott hat sich mir nicht väterlich erzeigt, er blieb meinen heißen Bitten und Wünschen gegenüber stumm, ja nicht genug damit, er hat mir schönste Hoffnungen genommen und zerschlagen; nun ist es aus und vorbei mit meinem Vertrauen auf die göttliche Hilfe und Führung. Was sagen wir einem Menschen, der so an seinem Glauben Schiffbruch erlitten hat?

Es ist nötig, daß wir uns dazu zweierlei klarmachen. Es ist von Gott oftmals nur herzlich gut gemeint, wenn er uns gewisse Wünsche und Erwartungen nicht erfüllt. Wir Menschen mit unserem engbegrenzten Blickfeld können gar nicht richtig beurteilen, was uns in Wahrheit nützt und dient. Man braucht oft nur ein wenig stillzuhalten, ohne Gott gleich das Vertrauen aufzusagen, und schon zeigt sich, daß das göttliche Versagen im Grund lauter Freundlichkeit war. Es sei das besonders den jungen Menschen gesagt, die aus der Verzweiflung über eine nicht erwiderte Liebe womöglich meinen, sie müßten sich das Leben nehmen. Du darfst versichert sein, daß Gott dir schon einen besseren Lebensgefährten zugedacht hat als den, der mit dir nur gespielt hat und dann auf und davon ging!

Daneben wollen wir freilich nicht verschweigen, daß im Verlauf eines langen Jahres auch Schläge und Heimsuchungen über einen Menschen hereinbrechen können, die so hart und furchtbar sind, daß es dafür keine Sinndeutung gibt, weder heute noch morgen. In solchen Dunkelheiten gibt es für uns nur *eine* Zuflucht: die Zuflucht unter dem Kreuz Christi. Jesus wurde in die tiefste Leidensnacht hinabgeführt; dennoch hat er das Vaterwort und die Vatergewißheit unerschütterlich festgehalten, auch da, wo es schien, als hätte ihn der Vater im Himmel verlassen, vergessen und allen Verderbensgewalten preisgegeben. In der Verbundenheit mit Jesus Christus, in der Kraft seines Kreuzes dürfen auch wir es lernen, an Gott festzuhalten, mag der Augenschein noch so sehr dagegen sprechen.

Das urchristliche Bekenntnis: »Wir haben *einen* Gott, den Vater, von welchem alle Dinge sind und wir zu ihm«, will uns dazu helfen, daß wir das neue Jahr getrost und mit aller Zuversicht beginnen, geborgen in der Schutzmacht dessen, der über alle Kräfte im Himmel und auf Erden verfügt und sie uns zur Verfügung stellen kann. Wenn der Apostel Paulus alsbald fortfährt: »Und wir haben *einen Herrn,* Jesus Christus, durch welchen alle Dinge sind und wir durch ihn«, dann will er unser Leben damit herausnehmen aus aller Willkür und Unordnung und will ihm eine klare, gefestigte Ausrichtung geben. Nach außen hin wissen wir im allgemeinen wohl, wie unser Weg durch das neue Jahr verlaufen wird. Wir haben unseren Beruf, unser Geschäft, wir haben als Vater und Mutter unsere Aufgabe an den Kindern, als Ärzte und Schwestern an den Kranken. Es bedarf insofern

keiner besonderen Anweisung zur Beantwortung der Frage: Was sollen wir denn tun? Aber gleichzeitig gibt es zahllose Einflüsse zerstreuender und versucherischer Art, die auf uns eindringen, die uns schwächen und ablenken wollen von dem Dienst, der uns aufgegeben ist. Es ist schon so, wie Paulus den Korinthern schreibt: Es gibt viele Götter und viele Herren in dieser Welt, die nach uns greifen. Die meisten davon meinen es keineswegs gut mit uns, und doch lassen wir uns so leicht von ihnen verlocken und betören. Wie schön und verheißungsvoll hat schon manches junge Leben begonnen, und dann hat unter Umständen *ein* Jahr genügt, um alles zu verderben und zu zerstören.
Darum brauchen wir Jesus Christus als den *einen* Herrn, der es wahrhaft gut mit uns meint, als den Helfer gegen die vielen, fragwürdigen Herren und Mächte, die uns unter ihre Botmäßigkeit bringen möchten. Ein altdeutsches Weihnachtslied sagt von Jesus Christus: »Er ist gewaltig und sehr stark, der zur Weihnacht geboren ward.« Damit kommt zum Ausdruck: Dieses göttliche Kind hat ein Recht darauf, unser Leben zu beanspruchen und unter seine Führung zu nehmen. Jesus Christus ist nicht irgendwer, er ist auch nicht nur eine religiöse Führergestalt, wie man sie in allen Religionen der Menschheit findet. »Er ist der, durch welchen alle Dinge sind.« Das heißt doch: in ihm hat die göttliche Allmacht, die im Anfang war und aus der alles Leben stammt, menschliche Gestalt angenommen; er ist der Herr aller Herren und der König aller Könige. Wir wollen im neuen Jahr in seine Nachfolge treten und in seiner Nachfolge bleiben! Mögen dann die Götter, Herren und Mächte dieser Welt gegen uns anstürmen, der, dem Gott im Ereignis der Auferstehung und Erhöhung den Namen über alle Namen gegeben hat, ist größer, ist stärker als sie alle.

EPIPHANIAS

Wir haben seinen Stern gesehen

Da Jesus geboren war zu Bethlehem im jüdischen Lande zur Zeit des Königs Herodes, siehe, da kamen Weise vom Morgenland nach Jerusalem und sprachen: Wo ist der neugeborene König der Juden? Wir haben seinen Stern gesehen im Morgenland und sind gekommen, ihn anzubeten. Da das der König Herodes hörte, erschrak er und mit ihm das ganze Jerusalem und ließ versammeln alle Hohenpriester und Schriftgelehrten unter dem Volk und erforschte von ihnen, wo der Christus sollte geboren werden. Und sie sagten zu ihm: Zu Bethlehem im jüdischen Lande; denn also steht geschrieben durch den Propheten: »Und du Bethlehem im jüdischen Lande, bist mitnichten die kleinste unter den Städten in Juda; denn aus dir soll mir kommen der Herzog, der über mein Volk Israel ein Herr sei.«
Da berief Herodes die Weisen heimlich und erkundete mit Fleiß von ihnen, wann der Stern erschienen wäre, und wies sie nach Bethlehem und sprach: Ziehet hin und forschet fleißig nach dem Kindlein; und wenn ihr's findet, so sagt mir's wieder, daß ich auch komme und es anbete. Als sie nun den König gehört hatten, zogen sie hin. Und siehe, der Stern, den sie im Morgenland gesehen hatten, ging vor ihnen hin, bis daß er kam und stand oben über, wo das Kindlein war. Da sie den Stern sahen, wurden sie hocherfreut und gingen in das Haus und fanden das Kindlein mit Maria, seiner Mutter, und fielen nieder und beteten es an und taten ihre Schätze auf und schenkten ihm Gold, Weihrauch und Myrrhe. Und Gott befahl ihnen im Traum, daß sie nicht sollten wieder zu Herodes gehen, und sie zogen auf einem anderen Weg wieder in ihr Land.

Matth. 2, 1–12

Die uralte Heimat der Sternenweisheit war Babylon. Für ein Land, das keine Propheten hatte, durch die Gott in Klarheit sprach, blieb in der vorchristlichen Zeit kaum etwas anderes übrig, als zu versuchen, über die Geheimnisse des Kosmos zu gewissen Erkenntnissen dessen, was geschehen sollte, zu gelangen.

Aber nun hatte man im alten Babylon neben der hingebungsvoll geübten Astrologie durch die Begegnung mit dem jüdischen Volk in der Verbannung auch noch eine andere Botschaft erfahren. Das war die Kunde, wie sie im vierten Buch Mose im 24. Kapitel zu lesen stand: »Es wird ein Stern aus Jakob aufgehen.« So empfing Babylon durch Israel einen gewissen Anteil an der biblischen Erlösererwartung, an der Hoffnung auf den kommenden Heilskönig, der aus Davids Stamm hervorgehen und der Welt den Frieden bringen werde.
Die frühe Christenheit war längst nicht so wunderscheu wie das Geschlecht von heute. Man war eher wunderfreudig eingestellt. So dachte man bei dem Stern von Bethlehem, der die Männer aus dem Zweistromland zu der weiten Reise nach dem jüdischen Land bewegte, an einen Kometen oder noch lieber an einen Wunderstern, den Gott in seiner Freiheit und Allmacht am Himmel hatte aufleuchten lassen, um auch durch dieses Zeichen, ebenso wie durch die jungfräuliche Geburt Jesu, das Menschengeschlecht darauf aufmerksam zu machen, daß der Tag der Welterlösung im Anbruch sei.
In diesem Sinne hat Ignatius, der um das Jahr 110 Bischof von Antiochien war, jubelnd ausgerufen: »Ein Stern strahlte am Himmel auf, heller als alle Sterne. Sein Licht war unbeschreiblich, und seine Neuheit rief Staunen hervor. Alle übrigen Sterne samt Sonne und Mond führten einen Reigen auf vor diesem Stern, und sein Licht überstrahlte sie alle, und es herrschte Bestürzung unter ihnen, woher diese neue Erscheinung sei.«
Seit Kopernikus deutet die neutestamentliche Wissenschaft das Auftauchen des Sterns von Bethlehem auf eine andere Weise, die durchaus Beachtung verdient. Kopernikus gehört auf der einen Seite neben Kepler, Galilei, Newton und Giordano Bruno zu den Bahnbrechern der Astronomie der Neuzeit. Gleichzeitig aber war er, was viel zuwenig bekannt ist und gewürdigt wird, ein überzeugter Anhänger der Astrologie. Auf Grund dieser Einstellung hat er errechnet,

daß damals zur Zeit der Geburt Jesu eine Konstellation am Himmel auftrat, die so einzigartig war, daß sie sich in Jahrtausenden nur einmal ereignet. Jupiter, der wegen seines hellstrahlenden Lichtes in Babylon »der Hirt der Sterne« genannt wurde, traf im Tierkreiszeichen der Fische mit Saturn zusammen, der als Schirmherr des jüdischen Volkes galt. Diese auffallende Begegnung dauerte neun Monate lang und mußte auf babylonische Sternforscher im höchsten Grad erregend wirken als ein Zeichen für ein ganz außerordentliches Geschehen im Ablauf der Welt.
Beides zusammen, das eigenartige Sternbild und die durch die jüdischen Exulanten überkommene Erlösererwartung, wies die chaldäischen Weisen eindeutig nach Palästina. Wenn sie auch den Ort nicht genau wußten, sie brachen auf aus dem Osten und zogen westwärts nach der Hauptstadt Jerusalem, um dort nach dem neugeborenen Erlöserkind zu fragen. Es waren keine Heiligen Drei Könige. Davon steht nichts in unserem Text. Das hat erst die Legende später daraus gemacht. Deswegen haben wir jedoch keinen Grund und Anlaß, den Vorgang selbst zu bezweifeln.
Wichtiger aber sind die Erkenntnisse, die wir als Christen daraus für unsere Aufgabe im seelsorgerlichen Sinn gewinnen wollen. Es wird nämlich daran deutlich: Man kann von weit her kommen und doch den Weg zu Christus finden, und man kann sehr nahe dran sein, wie die Leute von Jerusalem, und das Ziel trotzdem verfehlen.
Für die damaligen Verhältnisse war eine Reise aus dem Zweistromland nach Judäa eine ungeheure Strecke. So gibt es auch heute Menschen, sie stehen wer weiß wo, bei Buddha oder bei Nietzsche oder Karl Marx. Weil sie innerlich so fern von Christus sind, darum sind wir als Christen nur allzuschnell geneigt zu sagen: Das ist ein hoffnungsloser Fall! Wer in so anderen geistigen Ländern beheimatet ist, der findet doch nie den Weg zu dem Kind in der Krippe! Dabei übersehen wir, daß auch in solchen Menschen vielfach ein starkes Verlangen nach Heil und Erlösung lebt. Statt sie durch lieblose Kritik und fromme Verachtung zu-

rückzuweisen, wäre es viel besser, wir würden sie ermutigen, sich auf den Weg zu machen und nicht eher zu ruhen, bis sie Jesus als den Heiland der Welt gefunden haben.
Und was ergibt sich aus unserem Evangelium für die Einstellung zur Astrologie? Es sollte die Kritiker unter uns doch ein wenig nachdenklich stimmen, daß sich nach dem Zeugnis des Neuen Testaments das weltenwendende Ereignis der Geburt Christi auch in der Sternenwelt ausgedrückt und angekündigt hat. Die moderne Theologie und erst recht die moderne Astronomie wollen natürlich nichts wissen von einem solchen Zusammenhang zwischen Heilsgeschehen und Weltgeschehen. So ist man rasch bei der Hand, unser Schriftwort für einen mythologischen Einschlag und Restbestand aus dem antiken Weltbilddenken zu halten, von dem die Bibel unbedingt gereinigt werden müsse. In Wahrheit gibt es viel mehr irrationale Geheimnisse zwischen Himmel und Erde, als wir das heute mit unserem eingefleischten Positivismus und Skeptizismus zu ahnen vermögen.
Es wird uns aber durch die Erzählung von den Weisen aus dem Morgenland auch die andere Einsicht nahegebracht: Mag die Astrologie reale Hintergründe haben, mit dem Kommen Jesu Christi in die Welt und Menschheit ist sie abgetan und überflüssig geworden. Wer den lebendigen Gott nicht kennt, der in Jesus Christus zu uns gesprochen hat und uns zur Seite steht, der mag, in Vergangenheit und Gegenwart, nach den Sternen fragen, um wenigstens etwas an Führung und Geleit in Händen zu haben. Wer aber mit Gott im Glauben fest verbunden ist, der braucht das alles nicht mehr. Er steht ja mit dem Herrn aller Herren im Bunde, er hat den zum Freund und Vater, der Himmel und Erde geschaffen hat, erhält und regiert. Wozu soll man sich da noch an die Sterne halten! Das wäre ein Herabsteigen von dem Schöpfer zu den Geschöpfen. Es wäre ein Herausfallen aus dem Ursprung und Urgrund alles Seins und Wesens hinein wieder in die kreatürlichen Dinge und Vorgänge.
Doch mit dem allem haben wir den reichen Wahrheitsge-

halt, der in unserem Evangelium aufleuchtet, keineswegs erschöpft. Es heißt, die Magier aus dem Osten seien, durch das Sternbild geleitet, schließlich nach Jerusalem gelangt und hätten sich dort zur Burg des Herrschers begeben. Von der Armut des Königskindes hatten sie aus ihrer Sternenweisheit nichts erfahren. Die Theologie des Kreuzes und der Niedrigkeit lernt man nicht dort, sondern allein aus der Schrift. Unsere Wanderer nahmen als selbstverständlich an: Wenn die rettende Stunde geschlagen hat und der König des Heils geboren worden ist, dann kann er nur in einer Hofburg zu finden sein.

Herodes aber erschrak tödlich, so lesen wir, als er von dem Besuch der Männer aus dem fernen Osten hörte und ihr bedeutsames Anliegen erfuhr. Herodes stammte aus dem Geschlecht der Edomiter. Darum konnte er samt seinen Nachkommen schon von dieser geringen Herkunft her für die messianische Herrscherwürde niemals in Frage kommen. Herodes ist ein so eiskalter Machtmensch und brutaler Realpolitiker, daß er sich unter einem König des Heils nur einen politischen Rivalen vorstellen kann. Der aber muß um jeden Preis vernichtet werden. So ruft er seine Hoftheologen zusammen und heuchelt Anteilnahme, während er in seinem bösen Herzen bereits entschlossen ist, dieses Kind aufzuspüren und töten zu lassen.

Die zu Rate gezogenen Schriftgelehrten sind um eine Antwort nicht verlegen. Sie weisen hin auf das Wort, das bei dem Propheten Micha im 5. Kapitel steht: »Und du, Bethlehem im jüdischen Lande, bist mitnichten die kleinste unter den Städten in Juda; denn aus dir soll mir kommen der Herzog, der über mein Volk Israel ein Herr sei.« Aus dem prophetischen Wort werden die Erkenntnisse des Heils eben ganz anders klar als aus der astrologischen Befragung. Wie abwegig ist es darum, wenn wir wunder meinen, was wir aus dem Horoskop empfangen können, da uns doch allein aus dem biblischen Wort befreiende Erkenntnisklarheit und göttliche Kraft zuströmen kann!

Freilich, der Verlauf unserer Geschichte macht deutlich:

Man kann im Besitz und im Umgang mit der Bibel stehen – und das bedeutet gewiß mehr als Sternenschrift – und trotzdem die lebendige Begegnung mit Jesus Christus versäumen. Keiner von diesen klugen, gescheiten Theologen fand damals den Weg von Jerusalem nach Bethlehem zur Anbetung vor dem Kind im Stall und in der Krippe. Indem der Evangelist Matthäus das erzählt, deutet er bereits an, daß Jesus von seinem Volk verachtet und verworfen werden wird, wie umgekehrt das Matthäusevangelium besonders reich ist an Berichten von Menschen, die aus der Welt des Heidentums von weit her kamen und dennoch den Weg zu Jesus fanden. Das beginnt mit den sternkundigen Wanderern aus Babylon und setzt sich in Berichten darüber fort, wie der römische Hauptmann von Kapernaum und das Weib mit der kranken Tochter aus dem syrophönizischen Land sich glaubensvoll Jesu zuwandten.

Das alles bedeutet eine ernste Mahnung, besonders an die Adresse von Theologen und Theologiestudenten. Man kann eine vielbändige »Kirchliche Dogmatik« im Kopf haben, man kann die feinsten Unterschiede in der Trinitätslehre, in der Christologie, im Abendmahlsverständnis vollendet beherrschen, und trotzdem kann es ein reiner Leerlauf bleiben, nichts als Gehirnakrobatik und begrifflicher Intellektualismus, ohne daß der Geist der Gottesfurcht und die Liebe zu Christus und dem Nächsten uns wahrhaft erfüllt. Jedenfalls, ob wir Theologen oder Laien sind, alle Gelehrsamkeit nützt uns zuletzt nichts, wenn es nicht dahin mit uns kommt, daß wir uns aufmachen nach Bethlehem und vor dem Kind in der Krippe niederfallen und anbeten. Es heißt, die Wanderer aus dem Morgenland hätten die edelsten Schätze, die der reiche Orient zu bieten hat, Gold, Weihrauch und Myrrhen, als Gaben der Huldigung vor dem neugeborenen Heilskönig ausgebreitet und niedergelegt.

Martin Luther hat daraus den Schluß gezogen: Für Christus und den Dienst in seinem Reich ist das Beste gerade gut genug. Wir entehren Christus, wenn wir schäbig opfern, und wir ehren ihn recht, wenn wir unsere edelsten Gaben und

Kräfte ihm weihen. Bist du ein begabter Architekt, dann baue zur Verherrlichung Christi ein Gotteshaus, das seines Namens würdig ist. Bist du musikalisch reich ausgerüstet, hat dir Gott eine schöne Stimme verliehen, dann sing zu Gottes Lob und werde kein eitler Solist, der sich produzieren will. Ist dir das Predigtamt anvertraut, dann nimm es ernst damit und laß es dich etwas kosten, der Gemeinde das Wort der Wahrheit lebensvoll und lebensnah auszulegen!
Die beste Gabe aber, die wir Christus darbringen können, besteht doch immer darin, daß wir ihn lieben in den nahen und fernen Menschen, die der Hilfe bedürftig sind. Wir erinnern uns an das Wort Jesu: »Was ihr einem dieser meiner geringsten Brüder getan habt, das habt ihr mir getan.« Der schönste Gottesdienst, und würde er mit Weihrauch und prächtigen Gewändern gefeiert, ist nichts wert, wenn unser Herz dadurch nicht zur Liebe erweckt wird. Diese Liebe soll gewiß zuerst allen denen zugute kommen, die Gott unmittelbar zu unseren Nächsten gemacht hat. Wir wissen alle, daß uns gerade diese Nächstenliebe manchmal schwerfällt, wenn das Du an unserer Seite gewisse Eigenschaften und Wesenszüge an sich trägt, die uns auf die Dauer auf die Nerven gehen. Und doch gilt es, wenn unser Christsein nicht nur Phrase und fromme Lüge werden soll, sich gerade an diesen Schwierigkeiten zu bewähren in tragender Geduld und gleichbleibender Freundlichkeit.
Aber über der Liebesbereitschaft im engeren Umkreis unseres Lebens wollen wir gerade am Epiphaniasfest derer nicht vergessen, die in der weiten Völkerwelt noch immer fern von Christus leben und sein Evangelium nicht kennen. Das Fest der Erscheinung Christi, übrigens neben Ostern das älteste Fest der christlichen Kirche, hat von jeher die christlichen Gemeinden an ihren Missionsauftrag erinnert. Die Männer, die damals aus dem Osten aufbrachen und, von dem Sternbild geleitet, den Weg zu dem Christuskind fanden, waren die Vorläufer einer ganzen Menschheit. Es waren die Erstlinge aus der Heidenwelt, die den Menschensohn grüßen durften. Seitdem haben Ungezählte nach ihnen den

gleichen Weg gehen gelernt. Sie sind gekommen aus Afrika und Asien, von den Inseln der Südsee und aus dem germanischen Norden. Sie sind gekommen aus der Welt primitiver Geisterangst und Dämonenfurcht. Sie haben sich aufgemacht aus der Welt des Konfuzianismus, des Buddhismus, des Hinduismus und des Islam. Und sie durften froh werden in der Gegenwart der Christussonne, gleich den Wanderern in unserem Evangelium, von denen es im Urtext heißt: Da sie den Stern sahen, freuten sie sich mit einer übergroßen Freude.

Man muß es einmal erlebt haben oder wenigstens davon gelesen haben, wie auf einer internationalen Missionskonferenz, auf einer ökumenischen Tagung des Weltkirchenrats die prachtvollen Vertreter der jungen Kirchen mit Männern und Frauen aus den alten, geschichtlich gewordenen Kirchen zusammenkommen in unübersehbaren Scharen, um zu ermessen, was geworden ist aus dem stillen, kleinen Zug jener Wanderer von damals, so daß man mit dem Pfingstlied singen kann: O Herr, durch deines Lichtes Glast zu dem Glauben versammelt hast das Volk aus aller Welt Zungen, das sei dir, Herr, zu Lob gesungen.

Wir wollen aber über der reichen Ernte, die durch das Laufen des Wortes Gottes in aller Welt schon hat eingebracht werden dürfen, nicht vergessen, wie groß noch immer die Zahl derer ist, die fern von Christus sind.

Wir wollen durch unser Gebet und Opfer dazu beitragen, daß der helle Morgenstern mit seinem heilenden Licht aller Welt aufgehen möge! Je mehr sich unser Herz dafür öffnet, um so freier werden wir dadurch von aller kümmerlichen Verengung des eigenen Lebens.

Das Wunder der Wandlung

Es war eine Hochzeit zu Kana in Galiläa, und die Mutter Jesu war da. Jesus aber und seine Jünger wurden auch auf die Hochzeit geladen. Und da es an Wein gebrach, spricht die Mutter Jesu zu ihm: Sie haben nicht Wein. Jesus spricht zu ihr: Weib, was geht's dich an, was ich tue? Meine Stunde ist noch nicht gekommen. Seine Mutter spricht zu den Dienern: Was er euch sagt, das tut. Es waren aber allda sechs steinerne Wasserkrüge gesetzt nach der Sitte der jüdischen Reinigung, und es gingen in jeden zwei oder drei Maß. Jesus spricht zu ihnen: Füllet die Wasserkrüge mit Wasser! Und sie füllten sie bis obenan. Und er spricht zu ihnen: Schöpfet nun und bringet's dem Speisemeister! Und sie brachten's. Als aber der Speisemeister kostete den Wein, der Wasser gewesen war, und wußte nicht, woher er kam – die Diener aber wußten's, die das Wasser geschöpft hatten –, ruft der Speisemeister den Bräutigam und spricht zu ihm: Jedermann gibt zuerst den guten Wein und, wenn sie trunken geworden sind, alsdann den geringern; du hast den guten Wein bisher behalten. Das ist das erste Zeichen, das Jesus tat, geschehen zu Kana in Galiläa, und offenbarte seine Herrlichkeit. Und seine Jünger glaubten an ihn. Joh. 2,1–11

Es gibt kaum einen Schriftabschnitt im Neuen Testament, der so viele Auslegungsmöglichkeiten zuläßt und solche auch im Lauf der Zeit gefunden hat wie dieses Evangelium. Selbst die Spötter haben es begrüßt und schmunzelnd erklärt, man könne daraus ersehen, daß auch Jesus einen guten Tropfen nicht verschmäht habe.

Martin Luther, der den Text auf der Wittenberger Kanzel wiederholt ausgelegt hat, hat ihn mit Vorliebe als Ehestandspredigt gestaltet. Der Reformator meint, hier solle das junge Volk lernen, daß man Gott dem Herrn sehr wohl auch im Hause dienen kann, daß es also nicht unbedingt nötig sei, ins Kloster zu gehen, um ein Christus wohlgefälliges Leben zu führen.

Unsere Stelle ist auch oftmals dazu benützt worden, um über das bedeutsame Thema »Jesus und Maria« zur rechten biblischen Klarheit zu gelangen. Maria erscheint in dieser Geschichte jedenfalls nicht als angehende Himmelskönigin. Sie hat wohl ein feines, frauliches Verständnis für die Verlegenheitssituation ihrer Gastgeber. Aber wie sie ihren Sohn zu ungeduldig bedrängt, er möge doch raschestens Abhilfe schaffen, da muß sie sich eine klare Zurechtweisung gefallen lassen. Jedenfalls bietet dieser Zug in unserer Erzählung keinerlei Handhabe, um Maria in der göttlichen Rangstellung Jesus gleichzuordnen oder auch nur anzunähern.

Der eigentliche Schwerpunkt dieses Evangeliums liegt im letzten Vers, wo es heißt: Dieses war »das erste Zeichen, das Jesus tat, geschehen zu Kana in Galiläa«, und er machte damit die Herrlichkeit sichtbar, die in ihm aufleuchtete, und seine Jünger gelangten dadurch zum Glauben an ihn.

Es gilt, hier besonders auf das Wort *Zeichen* zu achten. Der Sinn eines Zeichens geht niemals in dem bloßen vordergründigen Geschehen auf. Das Zeichen weist immer über sich selbst hinaus. Es ist ein Zukünftiges darin mit enthalten, das sich im Zeichen vorankündigt. Dabei kann der gleichnishafte Charakter des Zeichens sowohl nach der Seite des Unheilvollen wie nach der Seite des Herrlichen hin erscheinen.

Der Schwindel des Reichstagsbrandes im Jahr 1933 war das erste Zeichen, unter dem der Nationalsozialismus seine fragwürdige Herrschaft antrat. In diesem Geschehen kam bereits die ganze kommende Herrschaft der Lüge und der Gewalttätigkeit zum Vorschein. Aber nehmen wir auch ein positives Beispiel für die Bedeutung des Zeichens. Als Wolfgang Amadeus Mozart vierzehnjährig, von seinem Vater Leopold begleitet, zum erstenmal nach Rom kam, da erlebte er dort in der Karwoche die Aufführung des berühmten Miserere von Gregor Allegri. Dieses vielstimmige Chorwerk galt als ein besonderer Schatz der Sixtina. Die Noten wurden darum streng gehütet, um keinerlei Abschrift zum Zweck der Verbreitung zu ermöglichen. Mozart aber schrieb, in sein Quartier zurückgekehrt, auf Grund des bloßen Anhörens das polyphone Meisterwerk aus dem Gedächtnis in allen einzelnen Stimmen nieder. Die Zeitgenossen staunten über dieses unerhörte Können und Vermögen; sie sahen darin mit Recht das Zeichen des kommenden Genius.

Wenn darum das Johannesevangelium berichtet, Jesus habe in Kana das erste *Zeichen* getan, das die Jünger überwältigte und zum Glauben an ihn brachte, dann dürfen wir nicht nur ein Mirakel anstaunen. Dann müssen wir fragen: Worauf weist dieses Zeichen hin? Was können wir daraus lernen, um auch unsererseits die Herrlichkeit Jesu Christi zu fassen?

Das erste Zeichen, das Jesus tat, will uns auf eine zweifache Wahrheit aufmerksam machen:

Der Alte Bund ist zu Ende und will vom Neuen Bund abgelöst werden, und: Unser natürliches Leben soll in ein gnadenhaftes Leben verwandelt werden.

Die jüdische Frömmigkeit zur Zeit Jesu war reich an religiösen Waschungen und Reinigungsvorschriften. So wissen wir aus dem neu entdeckten Wüstenkloster am Toten Meer, daß dort in Qumran ungezählte Tauchbäder vorgenommen wurden. Man sollte solche kultische Ordnungen nicht verachten. Es kam darin das ehrliche Empfinden zum Ausdruck: wie unrein und unvollkommen ist doch die menschliche Kreatur vor Gott dem Heiligen in der Höhe! Sie kann ihm auf tausend nicht eins antworten, wenn er im Gericht anfängt zu fragen: Wie hast du gelebt? Darum muß etwas geschehen, um den Menschen zu befreien von all dem Unrat, der ihm anhängt. Und doch wissen wir alle: durch solche äußere Reinigungsmaßnahmen, mögen sie noch so redlich gemeint sein, wird der Mensch nicht anders. Der Leib mag dadurch erfrischt werden, aber das babylonische Herz bleibt, das ichsüchtige, unerlöste Wesen wird auf diese Weise nicht abgetan.

Die sechs großen steinernen Krüge, die damals in dem Hochzeitshaus von Kana standen, dienten nach der jüdischen Ordnung jedenfalls den überlieferten Reinigungszeremonien. Wenn Jesus diesen mit Wasser gefüllten Krügen einen völlig neuen Inhalt gibt, dann hat er durch dieses Zeichen seinen Jüngern nicht so sehr zeigen wollen, was er

alles könne im Sinne einer außerordentlichen Wundermacht, sondern er hat durch dieses Geschehen darauf hinweisen wollen, daß der Alte Bund am Ende seiner Möglichkeiten angelangt war, daß er sich erschöpft hatte. Zugleich aber sollte den Jüngern damit zum Bewußtsein gebracht werden: Eine neue Weltzeit, ein neuer Gottestag bricht an, und jeder darf daran teilhaben, der sich dieser neuen Heilsmöglichkeit vertrauensvoll öffnet. So haben es die Jünger damals verstanden, und sie waren bereit, sich um dieses Zeichens willen von allen überkommenen Bindungen und Plagereien zu lösen, um an der Seite des neuen Herrn, des Freudenmeisters, in eine neue Zukunft hineinzugehen.
Von Paul Tillich gibt es eine Predigt über die Worte Jesu: »Kommt her zu mir alle, die ihr mühselig und beladen seid.« Er hat ihr im Blick auf die Menschen, an die sich Jesus damals gewendet hat, die Überschrift gegeben: »Religion als Anstrengung.« Das gibt es: Religion als Anstrengung. Wie haben sich die Frommen und Gerechten zur Zeit Jesu abgemüht, um das Gesetz am Sabbat und bei tausend anderen Gelegenheiten auf das genaueste zu erfüllen. Aber wie aus einer Hydra immer neue Köpfe herauswachsen, so hat die jüdische Tora im nachexilischen Zeitraum immer neue Gebote und Gesetze hervorgebracht, die sich als furchtbare Last auf alle legten, die es ernst und ehrlich meinten. Auch im christlichen Raum gibt es immer noch viel zu viel Religion als Anstrengung, wenn die Menschen meinen, sie müßten ihr Heil selber schaffen, sie müßten alle möglichen harten Leistungen zuerst als Voraussetzung erfüllt haben, damit ihnen Gott gut sein könne. Die Geschichte von der Hochzeit zu Kana ruft uns zu: Füllt doch die Krüge eures Lebens nicht mit dem alten Wasser der Selbstreinigung und der Selbstanstrengung! Laßt euch die Krüge eures Lebens füllen mit dem neuen Wein, den Jesus Christus spendet im Kelch des Abendmahls, in der Zusage der Vergebung und in der Darreichung von Geist und Leben aus der Höhe!
Man kann nicht genug aussagen, was es für ein Unterschied ist, ob jemand vom Wasser des Gesetzes oder von dem sü-

ßen Wein des Evangeliums lebt. Im Wissen darum gehören Paulus und Luther innig zusammen. Diese beiden Führergestalten im Reiche Gottes haben zutiefst verstanden: Gesetz und Evangelium müssen auseinandergehalten werden. Man darf sie nicht ineinandermengen und -bräuen. Im Gesetz, für das die mit Wasser gefüllten Krüge symbolhaft stehen, begegnet uns Gott als der fordernde, drohende, strafende und richtende Herr, vor dem wir vergehen müssen. Am Gesetz können wir nur zerbrechen im Gefühl unserer Unwürdigkeit, Sünde und Schuld. In dem neuen Wein des Evangeliums aber kommt Gott zu uns als lauter schenkende Huld und Güte, als frohmachende, freimachende Lebensfülle. Die Art und Weise aber, wie Gott uns in Christus begegnet, ist der eigentliche, tiefste Grund seines Herzens und Wesens.

Wenn wir Wasser und Wein rein stofflich miteinander vergleichen, dann ist zu sagen: Das Wasser ist im Wein mitenthalten, aber durch die Kraft des Weinstocks, durch die Glut der Sonne verwandelt sich das Wasser in den Reben zu dem süßen Saft der Trauben, aus denen der Wein gekeltert wird. Wenn wir das, was Jesus damals auf der Hochzeit zu Kana tat, zeichenhaft verstehen – und wir betonten ja: Ein Zeichen weist immer über sich selbst hinaus auf Größeres als das, was in dem Geschehen unmittelbar enthalten ist –, dann dürfen wir dieses Handeln Jesu nehmen als ein Zeugnis dafür, daß er unser natürliches Leben in ein gnadenhaftes Leben verwandeln will.

Wie das Wasser im Wein erhalten bleibt, wenn auch zu höherem Sein veredelt, so nehmen auch wir in den christlichen Glaubensstand unsere Natur durchaus mit hinein. Wer als Mimose geboren ist, wird auch nach seiner Bekehrung und Wiedergeburt kein christlicher Elefant. Und wer von Natur als Dickhäuter ins Dasein getreten ist, wird durch die christliche Existenz keine Membrane, die von jedem zarten Windhauch bewegt wird. Und doch, wenn wir auch unsere Prägung nach Rasse, Nation, Stamm, Geschlecht und Konstitution als Glieder der christlichen Kirche behalten, Chri-

stus vermag aus unserer Natur etwas anderes, etwas Besseres zu machen, als wir zuvor gewesen sind, da wir in unserem Leben nichts nach ihm fragten.
Die Wahrheit und Gültigkeit dieser Verheißung läßt sich besonders deutlich machen, wenn wir einen Blick auf die Wandlungsvorgänge werfen, die sich im Bereich der Heidenmission vollziehen. An den Menschen, die von einer leidvoll und verkehrt gelebten Vergangenheit herkommen, läßt sich besonders klar zeigen, was Christus aus einem Menschen zu machen vermag, der sich ihm zu eigen gibt.
Der Hamburger Missionsdirektor Walter Freytag, der im Lauf seines Lebens ungezählte Missionsstationen besucht hat, berichtet als Ertrag seiner weltweiten Reisen: Das Erlebnis der Taufe spiegelt sich bei den Täuflingen auf den Gesichtern wider. Wenn man lange in Neuguinea war, kann man an den Gesichtern der Eingeborenen erkennen, wer von ihnen getauft ist. Und weiter erzählt Direktor Freytag: Wenn man heute an den Küsten der Südsee die Christen fragt: Was ist durch das Evangelium anders geworden, wird man sofort die Antwort bekommen: Christus hat uns den Frieden gebracht. Die Blutrache und der tödliche Zauber sind von uns gewichen, als Jesus unter uns trat.
Im Gallaland war es nach afrikanischem Herkommen ausgeschlossen, daß eine Frau mit ihrem Mann zusammen zu Tische saß. Die Männer einer Sippe saßen gemeinsam beim Mahl, die Frauen durften die Reste verzehren. Die Mission, die dorthin kam, beschränkte sich zunächst absichtlich auf die reine Wortverkündung und ließ die alten Sitten und Überlieferungen bestehen. Eines Tages aber forderte ein christlich gewordener Galla seine Frau auf: Setz dich doch zu mir und iß mit mir! Die Frau wehrt erschrocken ab: Wie kann ich denn mit dir essen, wo ich doch eine Frau bin und du ein Mann! Darauf antwortet der Mann: Warum sollst du nicht mit mir essen können, wenn wir doch miteinander beten können! An solchen Beispielen wird offenbar, wie die innere Umwandlung des Herzens, die die Christusbegegnung hervorruft, ganz von selbst auch umgestaltend, heilend

und befreiend auf die äußeren Ordnungen des Lebens einwirkt.
Weil wir hier im Abendland seit bald zwei Jahrtausenden unter der Machtwirkung des Evangeliums stehen, darum halten wir vieles für selbstverständlich, was wir in Wahrheit der Wandlungskraft Christi zu verdanken haben. Es wäre heilsam, wir würden uns diese Zusammenhänge öfter ins Bewußtsein rufen. Dann würden wir all das viele Gute, das wir von daher empfangen haben, ganz anders schätzen und es nicht so gedankenlos hinnehmen oder gar verschleudern.
Freilich, von christlichen Traditionen und Resteinflüssen allein können wir nicht leben. Das wäre zu wenig. Dafür ist das Leben mit seinen zahllosen Anforderungen und Zumutungen zu schwer. Wir wollen vielmehr darauf bedacht sein, daß jedes von uns täglich neu und unmittelbar frisch von dem edlen Wein des Evangeliums trinkt. Dann werden auch wir, ebenso wie die Menschen, die aus dem heidnischen Raum gekommen sind, erfahren dürfen, daß Christus unsere Natur zu einem gnadenhaften Leben emporheben kann.

KARFREITAG

Feindesliebe und Vatergewißheit

Als sie kamen an die Stätte, die da heißt Schädelstätte, kreuzigten sie Jesus daselbst und zwei Übeltäter mit ihm, einen zur Rechten und einen zur Linken. Jesus aber sprach: Vater, vergib ihnen; denn sie wissen nicht, was sie tun! Und sie teilten seine Kleider und warfen das Los darum. Und das Volk stand und sah zu. Auch die Obersten spotteten und sprachen: Er hat andern geholfen; er helfe sich selber, ist er der Christus, der Auserwählte Gottes. Es verspotteten ihn auch die Kriegsknechte, traten zu ihm und brachten ihm Essig und sprachen: Bist du der Juden König, so hilf dir selber! Es war

aber auch über ihm die Überschrift: Dies ist der Juden König. Aber der Übeltäter einer, die da gehenkt waren, lästerte ihn und sprach: Bist du nicht der Christus? Hilf dir selbst und uns! Da antwortete der andere, strafte ihn und sprach: Fürchtest du dich auch nicht vor Gott, der du doch in gleicher Verdammnis bist? Und wir zwar sind mit Recht darin, denn wir empfangen, was unsere Taten wert sind; dieser aber hat nichts Unrechtes getan. Und er sprach: Jesus, gedenke an mich, wenn du in dein Reich kommst! Und Jesus sprach zu ihm: Wahrlich, ich sage dir: Heute wirst du mit mir im Paradiese sein.
Und es war schon um die sechste Stunde, und es ward eine Finsternis über das ganze Land bis an die neunte Stunde, und die Sonne verlor ihren Schein, und der Vorhang des Tempels zerriß mitten entzwei. Und Jesus rief laut und sprach: Vater, ich befehle meinen Geist in deine Hände! Und als er das gesagt, verschied er. Da aber der Hauptmann sah, was da geschah, pries er Gott und sprach: Fürwahr, dieser ist ein frommer Mensch gewesen! Und alles Volk, das dabei war und zusah, da sie sahen, was da geschah, schlugen sich an ihre Brust und kehrten wieder um. Luk. 23, 33–48

Die sieben letzten Worte Jesu am Kreuz, die uns die Evangelien überliefert haben, bedeuten für die Christenheit aller Konfessionen ein kostbares Vermächtnis. Denn sie lassen uns erkennen, wie Jesus starb, wie er bis hinein in Schmerz und Qual, in Ohnmacht und Erniedrigung seinem hohen göttlichen Auftrag treu geblieben ist.
Wenn schon unter uns Menschen mit Recht gilt, daß man die letzten Worte eines Sterbenden ehren und achten soll, wieviel mehr besteht diese Forderung dann zu Recht, wo es sich um das abschließende Testament aus dem Munde Jesu handelt.
Es gibt Menschen, die in erstaunlicher Weise für andere dazusein vermögen, solange sie sich selbst bei guter Kraft und Gesundheit befinden. In dem Augenblick aber, wo sie von heftigen Schmerzen gepeinigt werden, kreist alles Denken und Empfinden nur noch um die eigene Not. Und es gibt Menschen, die zu den größten Opfern fähig und bereit sind, sofern ihnen für diese Aufopferung nur genügend Dank,

Lob, Ehre und Anerkennung zuteil wird. Bleibt das erwartete Echo aus, dann verlieren sie die Freude am Helfen und ziehen sich enttäuscht zurück. Wie anders erscheint demgegenüber die Art Jesu in seiner schweren Passion! In aller Qual des Leibes und der Seele betet Jesus zu Gott für seine Peiniger, die sich nicht entblöden, ihn in seiner Leidensohnmacht zu verspotten.

Es liegt nahe, das Wort »Vater, vergib ihnen; denn sie wissen nicht, was sie tun« auf die Kriegsknechte zu beziehen, die unter dem Kreuz den Würfelbecher schütteln, um festzustellen, wer die Kleider Jesu bekommen soll. Die vom langen Soldatenhandwerk roh und stumpf gewordenen Gesellen hatten wirklich keine Ahnung, für wen sie dieses Mal das Kreuz aufrichteten. Sie taten eben, wie ihnen befohlen war, und das Gewissen schlug ihnen nicht dabei. Und doch, wie schrecklich ist es, zu denken, daß es Menschenhände gegeben hat, die den Leib Christi ans Kreuz genagelt haben! Wie sehr bedürfen diese Unwissenden der Fürbitte bei Gott für ihr entsetzliches Tun!

Ist es möglich, daß Jesus bei seinem Gebet zum Vater auch an die gedacht hat, auch die mit umschlossen hat, die seinen Tod willentlich herbeigeführt haben? Diese seine Feinde, die repräsentativen Vertreter der damaligen jüdischen Theologie und Kirche, wußten sehr wohl, was sie taten, als sie Jesus zu einem Gotteslästerer stempelten und das Todesurteil für ihn bei dem römischen Landpfleger Pilatus erwirkten. Sie waren dabei auch nicht übereilt ans Werk gegangen. Sie hatten zu wiederholten Malen einen Rat deswegen gehalten und den Untergang Jesu von langer Hand her vorbereitet und vorangetrieben. Und doch dürfen wir gewiß sein, daß Jesus auch an diese Menschen gedacht hat, als vom Kreuz der Ruf erschallte: »Vater, vergib ihnen; denn sie wissen nicht, was sie tun.« Die Sünde ist gewiß zuerst immer unsere persönliche Schuld, aber sie ist auch Wahn und Verblendung. Auch wir wissen nicht, was wir tun, wenn wir in der Stunde der Versuchung die Finsternis mehr lieben als das Licht, wenn wir den Tod statt das Leben wählen, wenn ein Mann, womöglich durch einen einzigen Fehltritt, seine Gesundheit, Ehe und Beruf und das Leben seiner Kinder zerstört.

Zu den tiefsten Demütigungen, die Jesus am Ausgang seines Lebens nicht erspart bleiben, gehört die Tatsache, daß sein Kreuz zwischen zwei hingerichteten Verbrechern zu stehen kommt. Der rein ins Dasein getretene und rein gebliebene Gottessohn wird unter die Übeltäter eingereiht wie irgendein anderer schlechter, böser Mensch.

Wieder einmal sehen wir an den beiden Leidensgenossen Jesu, wie verschiedenartig sich Menschen in der Todesstunde verhalten können. Der eine rast und tobt. Er stimmt in das allgemeine Hohn- und Spottgelächter mit ein, das er aus dem Mund der Obersten und der Kriegsknechte vernimmt. »Bist du denn nicht der Christus, der Messias? Dann hilf dir selbst und uns.«

Es ist das Ärgernis an dem schwachen Christus, das hier aufbricht, und dieses Ärgernis wird mit dem Kreuz Jesu durch alle Jahrhunderte weitergehen. Verehrer, Bewunderer, Liebhaber hat Jesus immer gehabt, die ihn als eine imponierende Persönlichkeit angeschwärmt haben. Aber am Kreuz scheiden sich die Geister. Der Fürst dieser Welt, der bereit war, Jesus alle Reiche der Erde zur Verfügung zu stellen um den Preis des Abfalls von Gott, hätte ihm das außerordentliche Schauwunder auch in letzter Stunde noch gelingen lassen. Dann aber wäre die Schuld der Welt nicht enthüllt, nicht gerichtet, nicht getragen, nicht überwunden worden. Die Welt wäre um einen Verführer reicher gewesen, der Welterlöser wäre ihr verlorengegangen.

Wir aber wollen es mit der anderen Schächergestalt halten, die sich, statt an der Niedrigkeit Jesu Anstoß zu nehmen, ihm mit vollem Vertrauen zuwendet. Mit der Kraft der Erleuchtung, die über Sterbenden liegen kann, spürt der todgeweihte Übeltäter: Der Leidensbruder in der Mitte ist anders als wir. Er hat ihn für seine Feinde und Mörder zu Gott beten hören; er hat etwas gespürt von der göttlichen Hoheit im Angesicht des Dornengekrönten. So wendet er

sich dem heiligen Dulder zu mit einem Schuldbekenntnis und mit einer glaubensvollen Bitte. Er verwehrt seinem gottlosen Mitgesellen die Worte der Lästerung mit dem Geständnis: »Wir zwar sind mit Recht darin; denn wir empfangen, was unsere Taten wert sind; dieser aber hat nichts Unrechtes getan.«
Wir wollen an diesem Beispiel lernen: Alle Gotteszuwendung in unserem Leben muß damit beginnen, daß wir aufhören, die Schuld für unser Unglück auf andere zu schieben, indem wir uns selbst gleichzeitig reinwaschen. Gewiß, wir Menschen sind schon von der erblichen Belastung her geschädigt, geschwächt und verdorben. Dazu kommen die ungezählten Fehler, die andere an uns gemacht haben, ehe wir das Leben in eigener Verantwortung in die Hand zu nehmen beginnen. Und doch, das alles entschuldigt uns nicht. Denn wir sind immer mit dabei. Wir laufen nur zu gern auf der abschüssigen Bahn, die ins Verderben führt. Darum ist der Verzicht auf die Selbstrechtfertigung die erste Voraussetzung, daß uns geholfen werden kann.
Im vollen Wissen um seine persönliche Lebensschuld wendet sich der vom Bild Christi ergriffene Schächer an Jesus mit der Bitte: »Gedenke an mich, wenn du in dein Reich kommst!« Der Urtext läßt noch eine andere Übersetzung zu: Erinnere dich meiner, wenn du kommst, um dein Reich aufzurichten und königlich zu herrschen. Auf jeden Fall ist die ausgesprochene Bitte der Ausdruck grenzenloser Zuversicht: Du, den sie als falschen Messias verhöhnen und verspotten, bist gleichwohl der wahre Heilskönig, der die Vollmacht hat, im Leben und im Sterben vor dem ewigen Verderben zu retten. Jesus aber nimmt das Leben, das sich hilfesuchend an ihn wendet, fest in seine Hand mit den Worten: »Wahrlich, ich sage dir, heute wirst du mit mir im Paradies sein.«
Um den vollen Gehalt dieser Zusage recht zu verstehen, müssen wir wissen, daß die spätjüdische Frömmigkeit tief davon überzeugt war: Es gibt im Leben nach dem Tode zwei Seinsweisen, einen Zustand der Qual und Unruhe und ein

Leben in friedvollem Anschauen der Herrlichkeit Gottes. Für diese erlöste Seinsweise gebrauchte man damals drei Bezeichnungen im Wechsel: Abrahams Schoß, Garten der Gerechten und Paradies. Wir dürfen also die Worte Jesu, die er an den schutzsuchenden Schächer richtet, so verstehen: Sei getrost, du mein Bruder, ich nehme dich an der Hand. Weil du mir vertraut hast, lasse ich nicht zu, daß du an den Ort der Qual und der Verdammnis kommst, ich reiße dich durch die Hölle, du sollst bei mir sein an dem Ort des Sieges und des Friedens! Noch einmal, ehe Jesus Abschied nimmt, handelt er in der königlichen Vollmacht der Sündenvergebung. Um dieser Vollmacht willen, als er sie zum erstenmal bei der Heilung des Gichtbrüchigen übte, hatten sie ihn scheel angesehen, hatten sie ihn verdächtigt und bei den Religionsbehörden angezeigt. Um dieses hohepriesterlichen Handelns willen hatten sie ihm recht eigentlich den Kreuzestod bereitet. Jesus aber steht unerschütterlich zu diesem göttlichen Hoheitsauftrag. Solange sein Mund sich regen kann, bleibt es sein Beruf, zu suchen und selig zu machen, was verloren ist.

Auf dem Sarg des Kopernikus im Dom zu Frauenburg findet sich die Grabinschrift: »Nicht die Gunst, die du dem Paulus verliehen, noch die Gnade, die du dem Petrus geschenkt, nur die Huld, die du dem Schächer am Kreuz erwiesen, die nur begehre ich.« Ob wir wohl bereit sind, dem großen Astronomen, dem Bahnbrecher der modernen Himmelskunde, diese demutsvollen Worte nachzusprechen? Es wäre ja denkbar, daß manch einer sagt: Gewiß, es ist in meinem Leben nicht alles vollkommen und ideal gewesen. Aber so armselig war es auch wieder nicht, daß ich wie der Schächer auf das reine Erbarmen Gottes angewiesen wäre. Ich gedenke, wenn ich einmal vor Gottes Thron hinzutreten habe, dann auch meine Werke mitzubringen, und darunter sind manche, die sich vor Gott sehr wohl sehen lassen können!

Darauf ist folgendes zu antworten. Im Leben eines Christenmenschen sollen die guten Werke niemals fehlen, und

sie werden auch nicht fehlen, weil wir ja durch die Glaubensverbundenheit zu Reben am Weinstock Christi werden dürfen, die Frucht bringen. Und doch, so gewiß die Heiligung aus der Rechtfertigung fließt und der neue Gehorsam dem Empfang der Vergebung folgt, es bleibt diese Neuschöpfung in unserem Leben doch immer Fragment, Torso und Stückwerk. Wieviel Menschlich-Allzumenschliches gibt es selbst da noch immer, wo Menschen zusammen leben und arbeiten, die mit Ernst Christen sein möchten! Darum können wir uns im Sterben nicht auf unsere guten Werke verlassen, so viel ihrer sein mögen. Unsere Zuflucht kann allein der gnädige und barmherzige Gott sein, der uns um Christi willen den Zugang zu seinem Reich nicht versagen möge, wie unfertig und unvollständig unsere Lebenserneuerung auch immer beschaffen sein mag.
Jesus hat zu Gott für seine Feinde gerufen. Er hat über dem verlorenen Leben das Licht der Weltversöhnung aufleuchten lassen. Nun schickt er sich an, zu seinem ewigen Ursprung heimzukehren. Er tut es nicht mit eigenen Worten, er tut es mit einem Wort aus dem 31. Psalm: »Vater, in deine Hände befehle ich meinen Geist.« Diese Worte waren das Nachtgebet des frommen jüdischen Menschen. Die Mutter Maria mag das Kind am Abend vor dem Einschlafen also sprechen gelehrt haben. Es ist bedeutsam, daß Jesus in der letzten großen Not nicht eigene Worte prägt und wählt, wie er es noch bei dem Gebetsringen im Ölberggarten getan hat. Auch wir können jederzeit in eine Notlage geraten, wo wir so schwach und elend sind, daß uns die Kraft zum freien Beten fehlt. Wohl uns, wenn wir dann über eine eiserne Ration, über einen Vorrat von Psalmen, Schriftworten und Liederversen verfügen, mit deren Hilfe wir uns durchkämpfen können.
Wenn Jesus sein Leben mit einem Wort aus dem 31. Psalm ausgehaucht hat, dann läßt uns dieser Gebetsanruf noch einmal tief in das Geheimnis seines Lebens hineinblicken. Wie bedeutsam ist schon der Anruf: Vater! Er hätte Gott ja auch einen harten und grausamen Herrn nennen können

oder den großen Unbegreiflichen, der den nie und nimmer dem Verderben preisgeben durfte, der seinem Willen in einzigartiger Weise gehorsam war. Aber im Herzen Jesu ist keine Empörung, keine Verbitterung; er weiß sich innerlich völlig eins mit dem göttlichen Weg und Willen.
Es gibt heutzutage Menschen, die erklären: Ich kann kein Vaterunser mehr beten. Mir bleibt schon das Eingangswort im Hals stecken. Es ist zu viel Trauriges, Schreckliches und Sinnloses über mein Leben dahingegangen, als daß ich jemals noch an eine Vatergüte Gottes glauben könnte. Solchen angefochtenen Seelen muß man sagen: Vergiß niemals, das Vaterwort stammt aus dem Munde Jesu. Es war für ihn nicht eine fromme Redensart. Er hat es bewährt und durchgestanden bis zum Tod am Kreuz. Er hat es dadurch auch für uns glaubwürdig und so vertrauenswürdig gemacht, daß keine Leidensinflation seinen Wahrheitswert mehr erschüttern kann.
Jesus befiehlt seinen *Geist* in die Hände des Vaters. Es gibt nichts Größeres am Menschen, als daß er Geist hat, als daß er Geist ist. Kraft des Geistes kann der Mensch denken und sprechen, bauen und gestalten und alle Kräfte der Erde sich untertan machen. Aber wie schrecklich kann der Mensch auch im Geist entarten, in Hochmut und Lieblosigkeit, in Wahn und Verirrung, in Umnachtung und Selbstzerstörung! Jesus gibt den Geist, den er von oben empfing, rein und unversehrt an Gott zurück. Damit ist etwas Ungeheures geschehen. In einer Welt, in der so viel Befleckung und Entartung des Geistes ist, hat einer den von Gott empfangenen Geist unverdorben in herrlicher Klarheit zum Aufleuchten gebracht. Darum müssen wir unseren erkrankten Geist an Christi Geist genesen lassen. So allein werden wir frei von Lüge, Stolz und selbstsüchtigem Wesen.
Die lukanische Überlieferung weiß davon zu berichten, daß die Sterbestunde Jesu von außerordentlichen Begleiterscheinungen umwittert war. Es heißt: »Und es ward eine Finsternis über das ganze Land von der sechsten bis zur neunten Stunde, und die Sonne verlor ihren Schein, und der

Vorhang im Tempel zerriß mitten entzwei.« Das eine dieser Ereignisse weist hin auf die kosmische, das andere auf die heilsgeschichtliche Tragweite des Todes Jesu.

Wenn Jesus nur ein edler, religiös verschwärmter Jüngling war, wie ihn das Judentum bis auf den heutigen Tag sieht und beurteilt, dann allerdings ist nicht einzusehen, warum sich bei dem Ausgang seines Lebens so unerhörte Wunder und Zeichen ereignet haben sollen. Dann muß man mindestens diese Aussagen im heutigen Evangelium entmythologisieren. Wenn aber das Weihnachtslied recht hat, das von Jesus Christus bekennt: »Den aller Weltkreis nie beschloß, der lieget in Marien Schoß«, dann ist es wohl begreiflich, daß der Kosmos mittrauert zu der Stunde, da der Fürst des Lebens, der Herr über alles, das Haupt zum Sterben neigt.

Der Vorhang, der im Tempel zu Jerusalem vor dem Allerheiligsten hing und hinter den nur einmal im Jahr am großen Versöhnungstag der Hohepriester gehen durfte, sollte zum Ausdruck bringen, daß der Mensch als sündige, unreine Kreatur von Gott durch einen unendlichen Abstand getrennt ist. Wenn dieser Vorhang in der Todesstunde Jesu zerreißt, dann wird damit offenbar, daß die Menschheit durch das Versöhnungswerk Christi hinfort einen freien Zugang zu dem Herzen Gottes haben darf.

Es kann sein, daß auch wir im Verlauf des Lebens in Lagen geraten, wo wir uns wie an ein Kreuz angenagelt vorkommen, sei es, daß infolge einer bösartigen Erkrankung irrsinnige Schmerzen über uns hereinbrechen, die keine Morphiumspritze uns zu nehmen vermag, sei es, daß wir uns in schwere Lebenskonflikte verstrickt sehen, die niemand lösen kann. Vielleicht werden wir dann erst in vollem Ausmaß verstehen, was es heißt: alle Schmerzen und allen Jammer dem bringen dürfen, der der Welt Last und Sünde getragen hat.

Der Welterlöser

Wisset, daß ihr nicht mit vergänglichem Silber oder Gold erlöst seid von eurem eitlen Wandel nach der Väter Weise, sondern mit dem teuren Blut Christi als eines unschuldigen und unbefleckten Lammes. 1. Petr. 1,18–19

Im Mittelpunkt dieses Schriftabschnitts steht *ein* Wort. In diesem einen Wort ist die ganze Herrlichkeit der Karfreitagsbotschaft für uns zusammengefaßt. Es ist das Wort: erlöst. Wer die Welt der Religionen kennt, wer auf die Stimmen großer Dichter und Denker lauscht, der weiß: Durch die Menschen aller Völker, Sprachen und Zeiten geht ein heimliches Erlösungsverlangen. Wir Menschen leiden unter der Flüchtigkeit und Nichtigkeit des Daseins. Wir leiden unter der Zwiespältigkeit und Zerrissenheit unseres Wesens, unter der Unruhe und Friedlosigkeit unseres Herzens. Wir tragen schwer an unseren sittlichen Schwächen, an den Niederlagen des Alltags und wären gern erlöst von diesen demütigenden Lasten.

Die Menschheit hat es denn auch nie an ergreifenden Bemühungen fehlen lassen, sich einer solchen Erlösung teilhaftig zu machen. Es ist in vergangenen Zeiten, im Dienst der Mithrasreligion, vorgekommen, daß sich Menschen im Blut eines geschlachteten Stieres gebadet haben, um auf diese Weise göttliche Sieges- und Lebenskräfte zu erlangen. Die leidvolle indische Seele hat einen langwierigen Pfad religiöser Leistung ausgesonnen, um der Welt der Gottheit näher zu kommen. Unsere germanischen Vorfahren haben in tiefsinnigen Mythen, Märchen und Sagen ihrer Sehnsucht nach Licht, Reinheit und Leben Ausdruck gegeben. Wir wollen all diese religiösen Anstrengungen der Menschheit in vergangenen und gegenwärtigen Tagen nicht verachten. Nur über eines müssen wir uns klar sein. Über Erlösungshunger und Erlösungsunruhe führt das alles nicht hinaus. Hier ist wohl viel eindringliches Fragen, aber hier ist nicht Antwort, nicht Erfüllung.

Im Mittelpunkt der Karfreitagsbotschaft aber steht das Wort: »Wisset, daß ihr erlöst seid.« Hier geht es nicht mehr nur um Erlösungsverlangen, sondern hier wird uns eine göttliche Erlösungstat bezeugt, die als geschichtliches Ereignis in der Zeit geschehen ist.

Ein wesentliches Zeichen unserer Zeit besteht darin, daß viele Menschen die Grundtatsachen biblischer Erkenntnis in Frage stellen und für ihr Leben ablehnen. Aus dieser Haltung heraus wird mit Vorliebe der Einwand erhoben: Ist es denn wirklich so schlimm mit der Machtherrschaft der Sünde in unserem Leben? Übertreibt die Kirche an dieser Stelle ihr Zeugnis nicht maßlos, wahrscheinlich – wie heute so gern gesagt wird – unter dem Einfluß weltmüder, spätantiker, orientalisch-pessimistischer Gedanken, die bedauerlicherweise frühzeitig in das Christentum eingeströmt sind?

Darauf kann man nur antworten: Das christliche Urteil über die Notlage und Gefangenschaft des Menschen hat nichts zu tun mit stimmungsmäßiger Melancholie und Depression, wie sie lebensschwachen, müden Seelen entspringt. Nein, dieses harte Urteil über den Menschen ist ganz allein unter dem Eindruck entstanden, wie die Menschheit mit Jesus Christus umgegangen ist.

Da schenkt uns Gott diese einzigartige Heilandsgestalt, die nichts tut als segnen, lieben, heilen und helfen. Die Menschen aber bringen nichts anderes fertig, als dieses fleischgewordene Urbild göttlicher Wahrheit, Liebe und Herrlichkeit zu hassen, zu verfolgen, zu zerstören. Daß so etwas möglich ist, daran sollte für jedermann offenbar werden: Wir Menschen haben uns tatsächlich weit von Gott weg verirrt. Wir wissen gar nicht mehr, wie Gott ist. Wir vermögen ihn gar nicht mehr zu erkennen, auch wenn er mitten unter uns da ist und in Liebe um unser Herz wirbt. Ja, wir wollen Gott zutiefst nicht anerkennen, weil wir lieber unsere eigenen Wege gehen. Unser Text beschreibt diesen Zustand mit den Worten: Wir führen einen »eitlen Wandel nach der Väter Weise«. Das ist unsere eigentliche Not: die Grundhaltung ist eitel, selbstgefällig und verkehrt geworden, und diese

Grundhaltung gleicht einem Menschheitsstrom, in den ein Geschlecht nach dem andern hineingerissen wird und sich hinreißen läßt. »Wir sind nicht besser, denn unsere Väter waren.«
Die Art, wie die Menschen damals mit Christus umgegangen sind, ist auch die Art, wie wir gegen Gott gesinnt sind. Was hat in unseren Herzen alles Raum: der Neid und der Haß, die Eifersucht und die Begierde, der Eigensinn und die Maßlosigkeit des Wunschlebens. So war es bei Hannas und Kaiphas, bei Pilatus und Herodes, bei Petrus und Judas, so ist es bei dir und bei mir, so war es bei unsern Vätern, so wird es bei unsern Kindern sein. Können wir da bestreiten, daß die Menschheit auf falschem Weg ist, daß wir in eitlem Wandel einem lügnerischen Geist unterworfen sind?
Jesus Christus hat diese Not bis zum letzten erkannt und durchschaut. Er hat den Menschen ins Herz gesehen, und er fand dort nicht jenen frischen, reinen Gottesquell, von dem die Mystiker fabeln und träumen; er sah dort das böse, ichsüchtige Trachten von Jugend auf. Jesus hat gelitten unter dieser Eitelkeit und Verkehrtheit des menschlichen Wesens. Es hat ihn zutiefst erschüttert und gejammert, daß sich die Menschen so weit von ihrem ewigen Ursprung entfernt haben, daß sie aus der Gottesgemeinschaft herausgefallen und in die Abhängigkeit einer widergöttlichen Herrschaft hineingestürzt sind. Da hat Christus aus erbarmender Liebe zu uns das ungeheure Ziel in Angriff genommen, uns von dieser Machtherrschaft des Bösen zu erlösen.
Dazu mußte zuerst einmal die Sünde schonungslos beim Namen genannt werden. Sie mußte rücksichtslos aufgedeckt werden, auch da, wo sie sich in der feinsten Form, im religiösen Gewand, als Gesetzeseifer, als Frömmigkeit, als lohnsüchtige Wohltätigkeit getarnt und versteckt hatte. Ist es nicht schon eine Erlösung, in den Evangelien zu lesen, wie ehrlich hier geredet wird? Hier wird uns nichts geschenkt. Es ist, wie wenn ein Arzt den Sitz der Krankheit gefunden hat. So entlarvt Christus durch sein richtendes Wort die Verdorbenheit dieser Welt und sagt ihr den Kampf an.

Wer gegen die Tyrannei des Bösen in der Welt mit durchgreifendem Erfolg kämpfen will, der muß selbst in seinem Wesen von dem ganz frei sein, was er bekämpfen will. Wie wahr das ist, können wir überall im Leben beobachten. Wenn ein Erzieher an seine Schüler hohe sittliche Anforderungen stellt und sie am eigenen Beispiel nicht beweist und bewährt, dann bleibt er trotz der schönsten Worte völlig einflußlos auf die Jugend. Wer zum Opfer aufruft und sich selbst nichts versagen kann, dessen Rufen wird mit Recht als hohle Phrase empfunden. Kann man schon den Menschen in der Beziehung nichts vormachen, so geht das erst recht nicht im Kampf gegen den hintergründigen Feind der Welt.

Wenn sich da jemand aufmachen möchte, um die Werke des Teufels zu zerstören, sein eigenes Herz aber gleichzeitig ungereinigt ist, dann soll er nur nicht meinen, daß er irgend etwas erreichen könnte in der Zertrümmerung satanischer Bollwerke, sei es in der Seelsorge, sei es im missionarischen Kampf um eine heidnische Welt. Der Feind weiß genau, mit wem er es zu tun hat. Der Feind merkt sofort, wenn wir selbst noch geteilten Herzens sind. Vor solchen Angreifern braucht er sich nicht zu fürchten, weil sie ihm ja selbst zur Beute gehören. Das ist sicher der tiefste Grund, warum wir bis hinein in den Raum der Kirche so viel Niederlage und Ohnmacht mit ansehen müssen. Wir gehen in die entscheidenden Kämpfe so oft mit ungereinigten Lippen, mit ungereinigten Herzen, mit selbstgefälliger Zuversicht, ohne daß wir mit Gott versöhnt sind, ohne daß wir uns in der Kraft des Blutes Christi gereinigt haben. Und dann wundern wir uns darüber, wenn sich nichts ereignet, wenn nichts vorangeht, wenn uns der Segen und die Frucht der Arbeit versagt bleiben, da doch niemand helfen kann, dem selbst erst geholfen werden müßte.

Auf dem Hintergrund dieser Not kann uns die Herrlichkeit Jesu Christi ganz groß werden. Er ist in den Kampf gegen die Machtherrschaft des Bösen mit reinen Waffen hineingegangen, und er ist in diesem Kampf rein geblieben. Die finstere Gewalt der Sünde hat versucht, auch seine Seele zu beschmutzen durch den süßen Zauber der Lust, durch den bittern Angriff des Leidens, aber es ist ihr nicht gelungen. Jesus wird von den Massen umschmeichelt und vergöttert, sie wollen ihn zum politischen Messias, zum königlichen Träger ihrer irdischen Wunschträume machen, aber er bleibt unverrückt auf der Seite Gottes und horcht in der Stille des Gebets nur auf das eine, was des Vaters Wille ist. Jesus wird von den Menschen verraten und verlassen, verspottet und geschlagen, gequält und verhöhnt, er bleibt auch auf dieser tiefsten Stufe der Leidensqual beim Vater und läßt Gott allein seines Herzens Zuversicht und Trost sein.

Wir dürfen nicht meinen, es sei Jesus leichtgefallen, es sei für ihn etwas Selbstverständliches gewesen, Gott so in Reinheit auf Erden zu verklären. Die Macht der Finsternis, die schon unruhig und bösartig wird, wenn *wir* ihr einmal widerstehen, war dadurch auf das äußerste gereizt, daß in diese Welt von ungehorsamen Söhnen einer kam, der Gott sein Herz in völligem Gehorsam darbrachte. Der altböse Feind hat darum seine letzten Möglichkeiten aufgeboten. Er hat sich aller menschlichen Niedrigkeiten, Gemeinheiten und Grausamkeiten bedient, um Jesus, wenn möglich, von Gott loszureißen, um den Fall des ersten Adam im Leben des zweiten Adam zu wiederholen, um die Vorherrschaft auf Erden nicht zu verlieren. Es ging damals auf Golgatha wirklich um die Entscheidung. Es waren die bangsten Stunden der Weltgeschichte, da Jesus, der leidüberflutete Knecht Gottes, mit dem Fürsten dieser Welt um den Sieg rang.

Silber und Gold sind kostbare Dinge. Wir wissen alle, wieviel man damit in der Welt erreichen kann. Aber es gibt Nöte und Verzweiflungen in diesem Leben, es gibt abgründige Lasten und Schulden gegenüber Gott und dem Nächsten, die so furchtbar schwer sind, daß sie mit allen Schätzen der Welt nicht aufgewogen werden können. Um die Last der Weltschuld zu bezahlen, um die Machtherrschaft der Finsternis zu brechen, dazu war mehr not, dazu bedurfte es einer besseren Bezahlung als Silber und Gold. Dazu hat sich Christus selbst einsetzen müssen mit der Hingabe seines Leibes und

Blutes. Wie ein unschuldiges Lamm, frei von Flecken und Sünde, ist er diesen Todesweg still, geduldig und gehorsam gegangen und hat uns durch die unsagbare Reinheit seines Opfers aus der Schuld und Knechtschaft herausgerissen.

Der Karfreitag ruft uns zu: Wisset, daß ihr erlöst seid! Vergeßt bei allen euren Kämpfen, Sorgen und Sünden hinfort nie mehr: Die Macht der Finsternis ist aufs Haupt geschlagen. Sie darf uns nicht mehr verklagen, sie kann uns nicht mehr schaden. Christus ist da als der starke Sieger über Sünde, Hölle, Teufel und Tod. Er tritt für uns ein, er steht uns bei.

Aber nun kommt alles darauf an, daß wir dieses Wort vom Kreuz nicht nur hören wie eine Nachricht aus fremden Landen, aus fernen Zeiten, die uns kaum berührt. Es genügt auch nicht, daß wir über den Tod Jesu nur die rechten theologischen Vorstellungen haben, die wir dann womöglich Andersdenkenden wie feindselige Geschosse an den Kopf werfen. Nein, es kommt alles darauf an, daß wir Christus, den Gekreuzigten, im Glauben lebendig bei uns aufnehmen.

Der Apostel Paulus schreibt an die Gemeinde in Korinth: »Christus ist darum gestorben, auf daß die, so da leben, hinfort nicht mehr sich selbst leben, sondern dem, der für sie gestorben und auferstanden ist.« Das ist der eigentliche Karfreitagssegen, das ist die eigentliche Karfreitagsfreude, wenn unser Herz zu der Gewißheit erwacht: Christus hat uns zu seinem Eigentum erlöst.

Christi Eigentum sein, das heißt: Ich brauche mich nicht mehr zu fürchten vor der Schuldenlast meines Lebens. Die nordische Schriftstellerin Hildur Dixelius hat ein Werk veröffentlicht, das den Titel trägt: Die Sünderin. Es wird uns da ein Menschenkind gezeigt, das in einer merkwürdigen Mischung von Gier und Idealismus eine schwere Schuld auf sich lädt. Die junge Frau muß hart dafür büßen. Sie wird vom Staat bestraft, und sie wird noch härter als durch Gesetz und Gefängnis von der Gesellschaft gestraft mit Verachtung und Kälte, mit Ausschluß und Verfolgung.

So klagt die Sünderin einmal ihre Not in den verzweifelten

Worten: »Man kommt nie los von dem, was man getan hat. Es wird doch nie mehr wie früher. Das ganze Leben ist zerstört, auch wenn man noch so viele Jahre zu leben hat.« Wenn die schwer gedemütigte Frau sich dennoch aufrechthält, wenn sie das lieblose Unrecht ihrer Feindinnen und Verfolger schweigend hinnehmen und ertragen lernt, so vermag sie das allein darum, weil in ihrem Leben neben dem Verzweiflungsmotiv noch eine andere Gewißheit lebendig ist. Die Sünderin hält sich an das alte biblische Verheißungswort: »Wenn eure Sünde gleich blutrot ist, so soll sie doch schneeweiß werden.« Sie faßt das Geheimnis ihres Lebens, ihrer Bewährung und Auferstehung in den schlichten Satz zusammen: »Wenn man nicht glauben dürfte, daß es eine Vergebung gibt, so könnte man gar nicht weiterleben.«

Auch wir alle kennen das Verzweiflungsmotiv aus unserem Leben, in Erinnerung an Stunden, wo wir uns hart anklagen mußten, weil wir vor Gott und Menschen schuldig geworden waren. Wir versuchen in solchen Fällen zunächst vielleicht die aufgebrochene Unruhe des Gewissens zu betäuben. Es gibt ja Dichter und Denker, die allen Ernstes die Losung ausgegeben haben: Die wahre Erlösung des Menschen besteht in der Trunkenheit. Man soll sich berauschen am Wein, an der Schönheit der Frau, an der Erotik des Tanzes und darüber allen Kummer und Harm des Lebens vergessen. Dieser Weg wird denn auch von vielen gegangen. Aber wir müssen uns klar darüber sein: Die tiefste Not unseres Lebens wird dadurch nicht aufgehoben. Die quälenden Gedanken werden wohl zurückgeschoben, aber sie werden nicht beseitigt. Sie kommen wieder, sie kommen mit verstärkter Wucht und Dringlichkeit wieder. Es gibt Höllenabgründe der Anfechtung und der Verzweiflung am Mittag und am Abend des Lebens, von denen sich ein junger Mensch in der Morgenfrühe seiner Erdenwanderschaft keine Vorstellung machen kann. In solchen Stunden lernt man den Satz aus dem vorhin genannten Buch verstehen und im Vertrauen auf Christi Versöhnungswerk nachsprechen:

»Wenn man nicht glauben dürfte, daß es eine Vergebung der Sünden gibt, könnte man gar nicht weiterleben.«
Christi Eigentum sein, das heißt zum anderen: Ich brauche mich nicht mehr zu fürchten vor dem dunklen Tal des Todes. Angesichts des Todes versagen ja all unsere Künste, werden all unsere klugen, menschlichen Gedanken und Behauptungen so entsetzlich armselig und fragwürdig. Der Dichter Matthias Claudius hat diese Wahrheit einmal in rührenden Worten zum Ausdruck gebracht in dem Bericht, den er an seinen Vetter vom Sterben seiner Mutter schreibt: Es heißt da: »Vor einiger Zeit starb mir meine Mutter. Sie hielt vorher viel aus, still und gelassen, wie sie immer war, und konnte nicht leben und nicht sterben. Einige Tage vor ihrem Ende reisten wir alle noch zu ihr und standen da um ihr Bett und sahen sie an, einer so klug wie der andere. Ich wollte mir mein Herz gern trösten und wollte ihr noch so gerne was zuliebe tun; aber essen und trinken mochte sie nicht mehr, mochte auch sonst nichts mehr. Ich dachte an alle großen und kleinen Erfindungen der Menschen, davon du mir gesagt hast: an die Seelenlehre, an Newtons Attraktionssystem, an die allgemeine Deutsche Bibliothek, an die gerade und schiefe Aszension der Sterne, aber es wollte mir alles verschlagen – und sie lag am Abhang und sollte hinunter. Und ich konnte nicht einmal sehen, wo sie hinfiel. Da befahl ich sie Gott und ging hinaus und machte ein Sterbegebet, daß sie's ihr vorläsen. Es war meine Mutter und hatte mich immer liebgehabt, und ich konnte doch nicht anders! O Vetter, wenn dir ein Mensch vorkommt, der sich so viel dünkt und so groß und breit dasteht, wend dich um und habe Mitleiden mit ihm. Wir sind nicht groß, und unser Glück ist, daß wir an etwas Größeres und Besseres glauben können.«
In diesem Bericht kommt zutreffend zum Ausdruck, wie wir Menschen dem Tod gegenüber mit all unserem Wissen und Können, mit all unserer Liebe ganz hilflos sind. Das einzige, was uns in der letzten Stunde trägt, ist die Gewißheit: Gott hat uns in Christus gesucht und geliebt. Wir bleiben sein Eigentum auch im Sterben. Christus, der Erlöser, wird mein

Leben nicht in der Nacht der Friedlosigkeit versinken lassen. Ich darf gewiß sein: Er nimmt mich auf in seine ewige Lebensgemeinschaft.
Und wir bekennen ein Letztes. Christus hat mich zu seinem Eigentum erlöst, das heißt: Hinfort soll er der Herr meines Lebens sein, der mir befiehlt und dem ich gehorche. Mag der Kampf zwischen Himmel und Hölle in unserm Herzen weitergehen, mögen wir der verführerischen Macht der Sünde in unserm Leben noch oftmals erliegen, grundsätzlich wissen wir, wem wir gehören, wo Schutz und Vergebung, wo Kraft zum Wiederaufstehen und Weiterkämpfen zu finden ist. Hat Christus alles darangesetzt, der Königsherrschaft Gottes auf Erden die Bahn zu brechen, dann wollen wir unsern Herzog und Führer nicht allein lassen, sondern zu ihm eilen als seine Kreuzesgemeinde, die ihm die Treue hält.
Es ist uns lange Zeit leichtgemacht worden, ein Christ zu sein. Das scheint sich in unsern Tagen mehr und mehr zu ändern. Wo wir hinblicken, hören wir aus allen Ländern der Erde von Brüdern und Schwestern, die um ihres christlichen Glaubens willen gehaßt, verfolgt und gefangengesetzt werden. Wir wollen Gott danken, wenn er uns solche Anfechtungen und Prüfungen erspart, aber wir wollen uns dafür bereithalten, dem Herrn Christus sein Kreuz, wenn es sein muß, auch unter Leid und Verfolgung nachzutragen. Wer Christi Eigentum sein will, der weiß sich allezeit gestellt unter das neutestamentliche Wort: Christus hat gelitten für uns und uns ein Vorbild gelassen, daß wir sollen nachfolgen seinen Fußstapfen.

OSTERN

Pfeiler im Strom

Ich erinnere euch aber, liebe Brüder, an das Evangelium, das ich euch verkündigt habe, welches ihr auch angenommen habt, in welchem ihr auch stehet, durch welches ihr auch selig werdet, wenn ihr's festgehalten habt, in welcher Gestalt ich es euch verkündigt habe; es wäre denn, daß ihr umsonst gläubig geworden wäret. Denn ich habe euch zuvörderst gegeben, was ich auch empfangen habe, daß Christus gestorben ist für unsere Sünden nach der Schrift und daß er begraben ist und daß er auferstanden ist am dritten Tage nach der Schrift und daß er gesehen worden ist von Kephas, danach von den Zwölfen. Danach ist er gesehen worden von mehr als fünfhundert Brüdern auf einmal, von denen die meisten noch heute leben, etliche aber sind entschlafen. Danach ist er gesehen worden von Jakobus, danach von allen Aposteln. Am letzten nach allen ist er auch von mir als einer unzeitigen Geburt gesehen worden. Denn ich bin der Geringste unter den Aposteln, der ich nicht wert bin, daß ich ein Apostel heiße, darum daß ich die Gemeinde Gottes verfolgt habe. Aber von Gottes Gnade bin ich, was ich bin. Und seine Gnade an mir ist nicht vergeblich gewesen, sondern ich habe viel mehr gearbeitet als sie alle; nicht aber ich, sondern Gottes Gnade, die mit mir ist. Es sei nun ich oder jene: so predigen wir, und so habt ihr geglaubt.
Wenn aber Christus gepredigt wird, daß er ist von den Toten auferstanden, wie sagen denn etliche unter euch: Es gibt keine Auferstehung der Toten. Gibt es aber keine Auferstehung der Toten, so ist auch Christus nicht auferstanden. Ist aber Christus nicht auferstanden, so ist unsre Predigt vergeblich, so ist auch euer Glaube vergeblich. Wir würden aber auch erfunden als falsche Zeugen Gottes, weil wir wider Gott gezeugt hätten, er habe Christus auferweckt, den er nicht auferweckt hätte, wenn doch die Toten nicht auferstehen. 1. Kor. 15, 1–15

Die christliche Verkündigung gleicht einer Brücke, die Zeit und Ewigkeit miteinander verbindet. Diese Brücke wird von drei mächtigen Pfeilern getragen. Auf dem ersten Pfeiler steht das weihnachtliche Wort: Es ist erschienen die heilsame Gnade Gottes allen Menschen. Der zweite Pfeiler ruht auf der Karfreitagsbotschaft: Gott war in Christo und versöhnte die Welt mit ihm selber. Der dritte Pfeiler trägt die Inschrift: Christus ist auferstanden von den Toten und der Erstling geworden unter denen, die da schlafen.

Eine Brücke trägt nur dann, wenn alle Pfeiler, auf denen sie ruht, gleich unerschütterlich fest stehen. Kommt auch nur einer der Pfeiler ins Wanken oder wird er gar herausgebrochen, dann stürzt das Ganze bei der ersten schweren Belastungsprobe zusammen.

Bei der Brücke, die das Evangelium über den Strom der Zeit schlägt, ist der dritte Pfeiler, der sich auf die Osterbotschaft gründet, von jeher am meisten der Erschütterung und dem Zweifel ausgesetzt gewesen. Daß Jesus Christus als ein Wohltäter der Menschheit über diese Erde gegangen ist, daß er sich unter Pontius Pilatus, dessen Name aus den Akten der Weltgeschichte nachweisbar ist, an einem wirklichen Kreuz verblutet hat, das kann niemand ernstlich bestreiten. Aber daß Jesus am dritten Tage aus Grab und Tod zu neuer Lebensherrlichkeit auferstanden sein soll, das hat ungezählten Menschen zu schaffen gemacht, angefangen von der Gemeinde in Korinth über das Zeitalter der Aufklärung und Goethes »Faust« bis hin zu dem modernen Programm der »Entmythologisierung«.

Aber nun sagt uns das Schriftwort aus dem Mund des Apostels Paulus: Ihr könnt getrost über die Brücke schreiten, die Zeit und Ewigkeit miteinander verbindet. Mögen die Anfechtungen und Bedenken, die ihr mitbringt, noch so zahlreich und schwergewichtig sein, auch der dritte Pfeiler, der sich auf die Ostertatsache gründet, steht fest und gewiß.

Das 15. Kapitel aus dem Ersten Korintherbrief ist der älteste Osterbericht, den wir besitzen. Er liegt der Abfassungszeit nach weitaus früher als die Niederschrift der vier Evangelien. Es sind keine 25 Jahre her, die das apostolische Zeugnis von dem geschehenen Ereignis trennen. An Vorgänge, die

25 Jahre zurückliegen, können wir uns alle sehr wohl erinnern. Wir können sie auch jederzeit nachprüfen, wenn ihr Gehalt uns unglaubwürdig erscheinen will. Es ist jedenfalls kein so großer Abstand, daß man schnellhin sagen könnte: Hier reicht das Auge der geschichtlichen Nachprüfbarkeit nicht mehr hin. Genau in diesem Sinn versichert der Apostel der Gemeinde von Korinth: So habe ich es empfangen, so habe ich es an euch weitergereicht, so habt ihr es angenommen und steht fest darin, daß Christus für unsere Sünden gestorben ist nach der Schrift, daß er ins Grab gelegt wurde und daß er am dritten Tag auferstanden ist nach der Schrift. Der zweimal wiederkehrende Ausdruck »nach der Schrift« bezieht sich selbstverständlich auf das Alte Testament. Denn einen Kanon des Neuen Testaments gab es zu der Zeit noch nicht, als diese Zeilen geschrieben wurden. Paulus mag bei dem Hinweis auf die Schrift an das 53. Kapitel aus dem Buch des Propheten Jesaja gedacht haben. Dort fand er die Stelle von dem leidenden und triumphierenden Knecht Gottes: »Er soll die Starken zum Raub haben, darum daß er sein Leben in den Tod gegeben und vieler Sünde getragen hat. Er ist aber aus Angst und Gericht genommen, wer will seines Lebens Länge ausreden.«
Aber Paulus begnügt sich nicht damit, den Korinthern das Karfreitags- und Ostergeschehen allein von der alttestamentlich-messianischen Weissagung her nahezubringen. Dagegen könnte immer noch der Einwand erhoben werden: Wer weiß, ob eine so ungeheure Verheißung jemals ihre Erfüllung finden konnte! Es wird den Zweiflern unter den Lesern darum ein ganzer Kranz von lebendigen Zeugen der Auferstehung Jesu genannt, die jederzeit bereit sind, für das, was sie gesehen und gehört haben, mit ihrem Wort einzustehen. In prägnanter Angabe heißt es: Jesus Christus ist in der österlichen Zeit gesehen worden von Petrus und Jakobus, darnach von allen Aposteln, darnach ist er gesehen worden von mehr als fünfhundert Brüdern auf einmal, von denen die meisten noch am Leben sind.
Wenn wir in einer strittigen Sache Zeugen nennen mit der

Angabe von Name und Ort, dann müssen wir wissen, was wir damit tun. Denn es ist durchaus möglich, daß sich jemand daraufhin auf den Weg macht, um unsere Aussagen an Ort und Stelle nachzuprüfen. Paulus aber ermutigt die Korinther: Ihr könnt das jederzeit tun. Die Botschaft von Christi Tod und Auferstehung, die ich euch verkündigt habe, steht auf festen Füßen.

In der Haltung tiefster Demut und Selbstdemütigung weist der Apostel am Ende dieser Reihe auch auf sich persönlich hin als glaubwürdigen Zeugen für das Ostergeschehen. »Am letzten nach allen ist er auch von mir gesehen worden, dem Geringsten unter den Aposteln, der ich nicht wert bin, daß ich ein Apostel heiße, darum daß ich die Gemeinde Gottes verfolgt habe«. Als Paulus diese Worte niederschrieb, mögen ihm in Scham und Reue erneut die Bilder vor der Seele gestanden haben, wie er als wutschnaubender Saulus von Jerusalem nach Damaskus aufbrach, das Herz voll mörderischer Pläne und Gedanken, um die junge Christengemeinde in der syrischen Hauptstadt zu vernichten. Da, hart vor dem Ziel, geschah das Ungeheure, das Außerordentliche: Christus, der auferstandene Herr, trat dem Verfolger über den Weg und gab sich ihm zu erkennen als der Herr der Welt, der den überwundenen Gegner als Jünger in den Dienst der Nachfolge ruft.

Paulus hat es sein Leben lang als unverdiente Gnade empfunden, daß er dieser besonderen Berufung gewürdigt worden war. All das Große, Weltbewegende, das er von der Stunde seiner Bekehrung an vollbringen durfte, sah er immer nur an als das Abtragen einer Dankesschuld dafür, daß er von dem erhöhten Herrn wie ein brennendes Scheit aus dem Feuer des Verderbens gerissen worden war. Seit jener Stunde vor Damaskus gab es für Paulus keinen Zweifel mehr an der Gewißheit der Auferstehung Jesu. Er war ja als *Feind* von dem lebendigen Herrn und Heiland überwunden worden. In seinem Herzen hatte nur der Haß des selbstgerechten Menschen gegen den am Kreuz gestorbenen Messias geglüht. Da war keinerlei Sehnsucht nach Jesus. Aus dieser Nacht konnte ihn nur ein Ereignis retten, das stärker war als sein Widerstand.

Wie bedeutsam sind für unser Leben die Worte, die Paulus im Zusammenhang damit über sich schreibt: »Von Gottes Gnade bin ich, was ich bin, und diese Gnade ist an mir nicht vergeblich gewesen.« Möchten wir dahin kommen, daß wir gerade diese beiden Aussagen nachsprechen lernen! Ob wir an unser Geschaffensein oder an unser Erlöstsein denken, wir haben beides nicht aus uns selbst empfangen. Es ist alles Geschenk, wenn wir gesunden Leibes sein dürfen, wenn unsere Seele fröhlich und nicht traurig ist, wenn wir mit frischem Geist an unsere Arbeit gehen können, wenn die bösen Gedanken von uns weichen und wir Lust zu allem guten Werk in uns verspüren. Aber wie wichtig ist es auch, daß wir all dieses empfangene Gut recht gebrauchen und nützen, daß nicht vergeblich bleibt, was Gottes Güte an uns gewendet hat. Sollten wir nicht alle in dieser Beziehung viel dankbarer und treuer werden?

Man kann in unseren Tagen in Theologie und Kirche häufig die Äußerung hören: Auf den Pfeiler der Auferstehung kommt es nicht wesentlich an. Es genügt durchaus, wenn die Brücke, die Zeit und Ewigkeit verbindet, von den beiden anderen Pfeilern getragen wird, die die Inschrift tragen: Der ewige Gott hat in Jesus Christus menschliche Gestalt angenommen, und er hat sich in dem Christusleben für die Schuld und Ohnmacht der Welt selbst aufgeopfert. Unser Schrifttext denkt darüber anders. Er sagt uns: Wenn aus der Brücke, die uns an das Ziel der Vollendung bringen soll, der Pfeiler der Auferstehung Jesu herausgenommen wird, dann bricht die ganze Brücke in sich zusammen, und es gibt für uns keine ewige Hoffnung mehr. Wir spüren, wie die Sprache des Apostels eine heilige Leidenschaft annimmt, wenn er schreibt: »Ist Christus nicht auferstanden, so ist euer Glaube nichtig, so seid ihr noch in euren Sünden, so sind auch die, die in Christus entschlafen sind, verloren. Hoffen wir allein in diesem Leben auf Christus, so sind wir die Elendesten unter allen Menschen.«

Warum steht hier alles auf dem Spiel: unser Glaube, unser Wandel, die eigene Zukunft und das Schicksal derer, die vor uns aus dieser Welt gegangen sind? Der Zusammenhang ist klar: wenn Jesus im Tod geblieben ist, dann war er auch nur einer wie wir. Wer in Schuld und Sünde verstrickt ist, den gibt der Tod nicht her. Dann aber kann Christus auch in uns nicht den Glauben erwecken, dann kann er uns nicht zu einem neuen Sein befreien, und er kann uns gleich gar nicht die Tür zum ewigen Leben auftun. Weil er aber im Unterschied zu uns vom Bösen innerlich getrennt und abgesondert geblieben ist, weil er im heiligen Gehorsam Gottes Willen und Gebot im Kämpfen und im Leiden bis zum Letzten erfüllt hat, darum hat der Tod kein Anrecht auf ihn; der Tod hat die Beute, die ihm nur durch gewaltsame Vernichtung von Menschenhand her zufallen konnte, wieder hergeben müssen. Darum hat der ewige Gott in dem Wunder der Auferstehung Christi ja gesagt zu diesem Leben und hat den Osterfürsten in verklärter Herrlichkeit zum Anfänger und Vollender einer neuen Menschheit gemacht.

Unser Text weist besonders darauf hin, wie sinnlos und fragwürdig alle christliche *Verkündigung* werden muß, wenn die Osterbotschaft dahinfällt. »Ist Christus nicht auferstanden, so ist unsre Predigt vergeblich ... wir würden aber auch erfunden als falsche Zeugen Gottes, weil wir wider Gott gezeugt hätten, er habe Christus auferweckt.« Gewiß, man kann auch nur über die Gleichnisse Jesu predigen und die Osterbotschaft verschweigen. Aber wenn hinter den Worten Jesu nicht die Vollmacht seines Sieges, seiner Verherrlichung und damit seiner Allgegenwart aufleuchtet, dann bleiben auch die Worte Jesu tot, dann dringen sie nicht in Herz und Gewissen ein, dann kann kein lebendiger Glaube aus solcher Verkündigung erwachsen. Vor allem aber, was für ein armes Geschöpf, was für eine problematische Figur muß ein Pfarrer werden, der keine lebendige Gewißheit von der Auferstehung Jesu in seinem Geist und Herzen trägt. Was soll er am Osterfest tun? Die eine Möglichkeit ist, daß er um das entscheidende Geschehen in verlegener Weise herumredet. Man sagt dann gewöhnlich, das Grab sei zwar nicht leer gewesen, der Tod wurde nicht verschlungen in den Sieg, aber es sei doch bedeutsam und glaubensstärkend für uns, daß den Jüngern damals die Gewißheit aufgegangen sei: Der von der Welt Verworfene ist dennoch der von Gott Bestätigte.

Noch fragwürdiger ist der andere Ausweg, daß ein Zeuge des Evangeliums die Botschaft von der Auferstehung Jesu für seine Person nicht anerkennt, trotzdem aber die Kunde davon vor aller Welt ausruft und damit, wie Paulus sagt, als ein Lügner und Heuchler erfunden wird, der sich selbst verachten muß in seinem unehrlichen Treiben und Tun. Ach, die Kirche Christi hat das alles schon erlebt, und sie muß es heute wieder durchmachen. Wenn sie trotzdem nicht untergeht, dann allein darum, weil Christus als der auferstandene Herr in ihr fortwirkt und auch auf krummen Zeilen gerade schreibt von einer Generation zur anderen.

Weil die Brücke mit den drei Eckpfeilern: »Inkarnation, Weltversöhnung und Auferstehung« fest steht und trägt, darum können wir über diese Brücke getrost mit allen Lasten gehen, die uns bedrücken. Ostern fällt ja in die liebliche Zeit, da in der Natur alles in wundersamer Pracht blüht und auf seine Weise ein Fest der Auferstehung feiert. Je älter wir werden, je mehr wir mit der Möglichkeit rechnen müssen, es könnte das letzte Mal sein, daß wir dieses herrliche Geschehen mit unseren Augen schauen dürfen, um so kostbarer wird uns das alles. Und doch, es gibt genug Menschen unter uns, die mitten in all dieser Frühlingspracht ein beschwertes Herz haben. Es gibt so viel ausweglose Leid, so viel verfahrene Situationen im Leben, die auch bei gutem Willen nicht zu ändern sind. Wo man hinblickt und hinhört, stößt man auf Konflikte und Spannungen, mit denen wir Menschen nicht fertig werden. Da ist ein schwieriges Kind, dessen gesundheitliche und schulische Entwicklung nicht vorangehen will. Dann wieder sind es wirtschaftliche Sorgen, die auf das Zusammenleben von Mann und Frau in der Ehe düstere Schatten werfen. Und wieder ein anderer wird

nicht fertig damit, daß das Jungsein und Lebenstüchtigsein endgültig vorüber sein soll und man demnächst zum alten Eisen geworfen wird.
Was kann uns Ostern angesichts all dieser Belastungen bedeuten? Dieses hohe Fest sagt uns: Damit, daß Jesus, unser menschgewordener Bruder, von Gott verherrlicht und verklärt wurde, dürfen auch wir jetzt schon an Leib, Seele und Geist in diese göttliche Lebensbewegung und Neuschöpfung mit hineingenommen werden. Wenn wir uns an Christus halten, wenn wir mit ihm zusammengepflanzt werden zu einem Organismus, dann strömt sein Leben auf unser Leben über. Christus will uns abnehmen, was uns als Schuld belastet, was uns als Angst und Sorge quält, und er will seine Wohltaten, seine himmlischen Güter und Gaben in einem seligen Tausch und Wechsel auf uns übertragen. Martin Luther geht in seiner Auslegung von 1. Korinther 15 so weit, daß er sagen kann: Wer mit Christus im Glauben verbunden ist, »der hat das beste Teil der Auferstehung schon hinweg und ist nur noch der geringere Teil, der aussteht« bis auf den Tag der Vollendung aller Dinge. Wenn wir in diese große Schau hineinwachsen dürfen, dann wird es uns möglich, den schwierigen Alltag mit seinen Lasten, Schmerzen, Zumutungen und Kränkungen zu bewältigen.
Besonders möchte das Osterfest zum großen Trost werden für alle, die sich vor dem Sterben ängstigen und nicht damit fertig werden, daß der Tod so grausam in unser Zusammenleben eingreift. An der Auferstehung Jesu darf sich für uns die lebendige Hoffnung entzünden, daß der Würger Tod nicht das letzte Wort behalten wird. Was an Christus als dem Erstling unter den Entschlafenen geschehen ist, soll auch an uns geschehen. Christus will seinen Auferstehungssieg nicht für sich allein behalten, er möchte uns alle nach sich ziehen, daß wir dahin gelangen, wo er lebt und regiert in seinem ewigen Reich.
Man kann darum jeden nur bitten: Mach die Verbindung mit Christus fest, dann hast du einen unerschütterlichen Halt zur Zeit der Not. Wer diese Eingründung zur rechten Stunde

versäumt, der tut sich schwer, wenn der Tod plötzlich in sein Leben einbricht. Dann ist nichts da, nichts eingeübt, worauf man sich verlassen kann, und die Verzweiflung kann furchtbar sein. Vom Heimgang Philipp Melanchthons, Luthers Freund und Kampfgenossen, der vor über 400 Jahren im Alter von 63 Jahren und 63 Tagen in Wittenberg seine Augen schloß, berichten uns die Zeitgenossen: »Als das Fieber wiederkam, fielen plötzlich all seine Kräfte dahin. Da lag er eine Weile und ruhte. Nicht lange hernach, da er wieder aufwachte, hub er an und betete, wiewohl mit schwacher Stimme, doch also, daß jedermann alle Worte wohl hören und vernehmen konnte, und lauteten seine Worte: Allmächtiger, ewiger Sohn Gottes, du getreuer Herr und Heiland Jesu Christe, unser Mittler, der du für uns gestorben und wieder auferstanden bist, ich bitte dich, nimm dich meiner an und erbarme dich über mich, denn ich bin einsam und arm. Mehre in mir durch deinen Heiligen Geist das Licht des Glaubens und trage mich in meiner Schwachheit; regiere, behüte und heilige mich, auf dich traue ich, Herr, laß mich nimmermehr zuschanden werden!« So zuversichtlich lernt keiner von uns erst in der Sterbestunde beten. In solcher Gewißheit muß man sich zur rechten Zeit stark machen. Dann werden wir nicht verlassen sein, wenn es für uns gilt, den letzten großen Streit zu bestehen.

HIMMELFAHRTSFEST

Christus praesens

Er führte sie aber hinaus bis nach Bethanien und hob die Hände auf und segnete sie. Und es geschah, da er sie segnete, schied er von ihnen und fuhr auf gen Himmel. Sie aber kehrten wieder nach Jerusalem mit großer Freude und waren allewege im Tempel und priesen Gott. Luk. 24, 50–53

Wenn wir auf den Kranz der großen christlichen Feste hinblicken, die uns im Ablauf des Kirchenjahres gegeben sind, dann müssen wir die schmerzliche Feststellung machen, daß diese hohen Feiertage ihren christlichen Sinn weithin völlig verloren haben. Aus Weihnachten ist ein geschäftlicher Rummel und im besten Fall ein stimmungsvolles Familienfest geworden. An Ostern schwärmt man von den Frühlings- und Auferstehungskräften, die sich in der Natur aufs neue zu regen beginnen.

An Himmelfahrt geht die Fahrt an den Bodensee, um dort die Apfelblüte zu bewundern. An Himmelfahrt ziehen die Väter aus, vielleicht von vornherein von dem Vorsatz erfüllt, am heutigen Tag dem Alkohol besonders kräftig zuzusprechen. Von dem eigentlichen Sinn dieses hohen Festes weiß man nichts mehr und will man nichts mehr wissen. Um so mehr tut es not, die wahre Bedeutsamkeit dieses Tages lebendig zu erfassen. Wir wollen uns dazu drei Fragen zur Beantwortung vorlegen: Was ist die Botschaft des Himmelfahrtsfestes an uns, wie können wir dieser Botschaft gewiß werden, und wie will sie sich in unserem Leben auswirken?

Das erste, was dieser Tag mit seiner Verkündigung groß machen möchte, ist die Gewißheit: Wir haben einen lebendigen Herrn, mit dessen Gegenwart wir an allen Orten und zu allen Stunden unmittelbar nah rechnen dürfen. Als Jesus Christus in menschlicher Niedrigkeit über die Erde ging, da war er

in seinem Helfen und Wirken gebunden an die Grenzen von Raum und Zeit. Er mußte anstrengende und ermüdende Wanderungen zurücklegen, wenn er von Galiläa nach Jerusalem gelangen wollte. Er sollte sich nach dem Willen Gottes auf *ein* Volk, auf sein Volk beschränken, dem er als Messias zuerst verheißen und gesandt war.
Nun aber, da er als der auferstandene Herr die Schar der Jünger zum letztenmal um sich versammelt hat und mit segnenden Händen von ihnen scheidet, tritt er ein in das Reich der ewigen Macht und Herrlichkeit, wo Ort und Zeit, oben und unten, nah und fern hinfällig werden und ihre Bedeutsamkeit verlieren. So wie die Sonne, ohne sich selbst aufzugeben, mit ihren erwärmenden Strahlen den ganzen Kosmos zu erfüllen vermag, so ist Christus jetzt als das wahre Licht der Welt überall gegenwärtig mit seinem reinigenden Feuer, mit Trost und heilender Hilfe, wo nur immer ein Menschenherz sich voller Verlangen nach ihm ausstreckt.
Unsere Zeit, die des Materialismus als Weltanschauung weithin überdrüssig geworden ist, fängt an, in okkulter Neugier und Furcht wieder zu ahnen, daß es Mächte und Gewalten in unsichtbaren Reichen gibt, die weit über unser irdisches Vorstellungsvermögen hinausgehen. Das Neue Testament denkt nicht daran, die Realität solcher übersinnlicher Wesenheiten und Kräfte zu bestreiten. Aber die urchristliche Botschaft fordert uns auf, uns darüber hinaus zu erheben und bei Christus unsere Heimat zu suchen, der der Herr ist über alle Engel, Herrschaften, Fürstentümer, Throne, Mächte und Gewalten im Himmel und auf Erden. Wie abwegig wäre es, wenn wir Zuflucht und Schutz bei vorletzten Größen erstreben würden, wo der König aller Könige und der Herr aller Herren sich uns zu eigen gibt und für uns dasein will!
Das Fest der Himmelfahrt steht im innigsten Zusammenhang mit der Menschwerdung Gottes im Weihnachtsereignis. Man könnte die Klammer, die die beiden Feste miteinander verbindet, einmal so beschreiben: Christus als das ewige Wort des Vaters kam zu uns auf Erden, um Gottes

Sache bei uns Menschen zu führen, und er ward aufgenommen in die Herrlichkeit, um hinfort unsere Sache bei Gott zu vertreten. Darum gilt: Wenn wir im christlichen Glauben zu Gott aufblicken, dann steht vor uns nicht eine blasse, allgemeine religiöse Idee, sondern dann grüßt uns ein Herz voll Liebe, das uns um Christi willen gnädig ist.

Aber freilich, dieses Zeugnis von der Erhöhung Jesu stößt für das moderne Denken auf scheinbar unüberwindliche Schwierigkeiten. Wo in aller Welt, so fragt man beunruhigt und zweifelnd, sollen wir denn dieses Reich der Herrschaft suchen, in das Jesus eingegangen ist? Der Mensch der Antike und des Mittelalters hatte es da leichter. Er konnte sich aufgrund seines naiven Weltbildes das Königtum Christi oberhalb des gestirnten Himmels denken. Dem heutigen Geschlecht ist diese Möglichkeit genommen, nachdem wir seit Kopernikus und Einstein die Unendlichkeit des Weltenraums entdeckt haben und die Erdkugel zu einem Staubkorn im unendlichen All geworden ist. In den Kreisen des Freidenkertums und des dialektischen Materialismus wird darum die Botschaft des Himmelfahrtsfestes mit besonderer Heftigkeit angegriffen und lächerlich gemacht. Vor allem in Rußland hat man die kühnen Ergebnisse der modernen Weltraumfahrt kräftig ausgeschlachtet. An die Stelle der Himmelfahrt Christi, dieses gänzlich veralteten Dogmas, sei jetzt die Himmelfahrt der Astronauten getreten, und die Menschheit werde von diesem Fortschritt ungleich viel mehr Gewinn haben als von allen biblischen Heilsereignissen!

Und doch ist es überaus töricht und oberflächlich, mit solchen Argumenten gegen die Botschaft des Himmelfahrtsfestes vorzugehen. Die Zufahrtsstraße zu Gottes ewigem Reich führt nicht über Sonne, Mond, Mars und Venus. Das, was uns von Gott trennt, sind nicht Siriusweiten und Lichtjahrentfernungen, wohl aber scheiden uns Sünde und Schuld weit von Gott. Christi Reich ist nicht höheren Ortes, sondern höherer Art. Der Zugang zu diesem Reich wird nicht über Raketenflugzeuge gewonnen, sondern durch ein Herz, das heilsam erschrocken ist und gleichwohl zu Gott spricht:

»Ich lasse dich nicht, du segnest mich denn.« Wenn wir Gott innerlich ausweichen, dann verschließt sich uns der göttliche Himmel, der etwas völlig anderes ist als der astronomische Himmel, den wir mit Fernrohren auf der Sternwarte betrachten und erforschen. Wenn wir aber Gott standhalten auch da, wo er uns weh tut, wenn wir seine Liebe in unser Herz einströmen lassen und dadurch die Liebe zum Nächsten erwecken, dann tut sich uns der Himmel Gottes auf, so klar und schön in seinem Glanz, so stark und mächtig in seiner Wirkung, daß wir nicht mehr daran zweifeln können, mag der kritische Geist noch so viel darüber spötteln.

Aber nun wollen wir vor allem fragen: Wie wirkt sich die Botschaft von der Königsherrschaft Christi, die er mit seiner Erhöhung zur Rechten Gottes angetreten hat, im Leben unseres Alltags aus? Es heißt von den Jüngern: Sie kehrten, nachdem der Anblick ihres Herrn und Meisters ihnen entschwunden war, »wieder gen Jerusalem mit großer Freude«. Menschlich betrachtet, war zu einem solchen Sich-Freuen kaum Anlaß vorhanden. Die Jünger waren die geächteten Anhänger eines Mannes, der von der religiösen Obrigkeit des Landes in feierlicher Weise verstoßen worden war. Nun sollten sie Zeugnis davon geben, daß Gott den Messias am Kreuz zum Herrn gemacht hat über alle sichtbaren und unsichtbaren Bereiche der Schöpfung. Die Jünger mußten damit rechnen, wegen einer so unerhörten Hoheitsaussage verlacht, verachtet und verfolgt zu werden, und sie haben das alles auch bald genug zu erleiden bekommen. Trotzdem liegt über den Jüngergestalten der Apostelgeschichte ein Leuchten von Freude ausgebreitet, das jeder spüren kann, der dieses Buch des neutestamentlichen Kanons aufgeschlossen liest. Wir dürfen daraus lernen: Wer die Gemeinschaft mit Christus, dem lebendigen Herrn, ergreift und festhält, wird mit Freude erfüllt. Es wird uns zwar nicht verheißen, daß Krankheit und Leid, Schmerz und Enttäuschung nun überhaupt nicht mehr an uns herankommen können. Aber was auch immer an drückenden Lasten sich auf uns legen mag, es bleibt die Freude darüber, daß Chri-

stus lebt, daß er uns nah kommt mit seinem Frieden, mit Geist und Kraft, und daß er auf uns wartet, wenn unser Leben hier auf Erden an sein Ziel kommt.
Menschen, die nichts von Christus wissen wollen, die keinen Herrn im Himmel über sich anerkennen, können sich im allgemeinen nur freuen, solange alles gutgeht und ein Vergnügen das andere ablöst. Wenn aber Zeiten der Not kommen und die Lebensenttäuschungen überhandnehmen, dann ist alle Freude wie weggewischt. Dann bleibt nur Jammern und Klagen und Hadern mit Gott zurück. Darum wollen wir rechtzeitig den Bund mit Christus festmachen, daß wir Anteil gewinnen an dem Freudenquell seines Lebens, der auch dann nicht versiegt, wenn die Fülle der irdischen Freuden uns verläßt.
Und weiter heißt es von den Jüngern, nachdem sie von ihrem Herrn und Meister Abschied genommen hatten: »Sie waren allewege im Tempel und priesen Gott.« Wir dürfen daraus lernen, daß der erhöhte Herr in uns den Geist des Gebets zu erwecken vermag. Wenn wir an einem Wochentag um die Mittagszeit durch die belebten Kaufstraßen einer Großstadt gehen und das Hinundherfluten der Menschenmassen in Lärm und Staub, in Hast und Hetze beobachten, dann fragen wir uns unwillkürlich: Wie soll unter solchen unruhigen Lebensumständen überhaupt eine Möglichkeit des Gebets zustande kommen? In der Tat, wenn es nach dem Einflußgeist dieser Zeit ginge, dann müßte alles Beten gar völlig ersterben. Gott aber weiß gleichwohl Mittel und Wege, an uns heranzukommen und unser Herz zu berühren. Christus kann uns finden am Morgen, Mittag und Abend. Er steht hinter dir bei der Arbeit in Fabrik und Büro, im Geschäft und in der Küche. Er geht mit dir in den Operationssaal der Klinik, er begleitet die Fröhlichen zum Traualtar und zum Taufstein, und er geht mit den Traurigen an die Gräber, und immer weiß er das Wort zu sagen, das wir brauchen, sei es ein Wort der Mahnung zur Geduld oder ein Wort der Ermutigung wider unsere Verzagtheit.
Wenn der Evangelist Lukas besonders darauf hinweist,

daß die Jünger Gott im Tempel mit Loben und Preisen geehrt haben, so werden wir dadurch daran erinnert, daß zum rechten christlichen Beten allezeit auch der Geist der Anbetung gehört. Wohl dürfen wir im Gebet nach der ausdrücklichen Verheißung Jesu auch all das vor Gott ausbreiten, was unser Herz beschwert an Sorge und Kummer, an Kampf und Ausweglosigkeit, aber wir sollten darüber niemals das Danken und Loben vergessen. Das Danken befreit uns ganz von selbst von Neid und Eifersucht, von Unzufriedenheit und Nörgelei. Im Danken wird uns bewußt, wieviel wir alle schon von Gott empfangen haben an Heil und Durchhilfe und wie es zuletzt allein seine Güte ist, daß uns das Licht der Sonne noch scheint. Bei dem Lobpreis der Anbetung aber lernen wir, völlig von uns abzusehen. Wir dürfen uns dabei versenken in die großen Wahrheitsgedanken und Heilswege Gottes, die er von Ewigkeit zu Ewigkeit mit der Menschheit geht. Wir brauchen unser kleines Erdenleid nicht mehr allzu wichtig zu nehmen. Wir dürfen es überfliegen, weil Gott uns mit hineinnimmt in den Strom seines unermeßlichen Lebens.
Auch unsere Gottesdienste wollen wir immer mehr begehen und lieben lernen als die Stunden und Gelegenheiten, da wir als Gottes Volk und Christi Eigentum zusammenkommen zur gemeinsamen Rühmung und Anbetung dessen, der in der Höhe wohnt. So gewiß der, der den Dienst auf der Kanzel tun darf, sich alle Mühe geben wird und geben soll, der Gemeinde ein lebendiges Zeugnis auszurichten, es geht im evangelischen Gottesdienst zuletzt nicht um die Würdigung einer Predigtleistung, sondern um das Tedeum, um den Lobgesang der Gemeinde, den wir mit dem Sänger eines Himmelfahrtsliedes also bekennen wollen.

Ich auch auf der tiefsten Stufen,
ich will beten, glauben, rufen,
ob ich noch ein Pilgrim bin:
Jesus Christus herrscht als König,
alles sei ihm untertänig;
ehret, liebet, lobet ihn.

PFINGSTEN

Der Geist des Friedens und der Freude

Aber ich sage euch die Wahrheit: es ist euch gut, daß ich hingehe. Denn wenn ich nicht hingehe, so kommt der Tröster nicht zu euch. Wenn ich aber gehe, will ich ihn zu euch senden. Joh. 16,7

Pfingsten ist das Fest des Heiligen Geistes. Es hat schon mancher ehrlich zugegeben, mit dem Hinweis auf Gott und Christus vermöge er ein lebendiges Vorstellungsbild zu verbinden, aber mit dem Zeugnis der christlichen Kirche vom Heiligen Geist könne er nichts Rechtes anfangen. Und doch läßt sich sehr wohl sagen, was der Heilige Geist sei. Er ist die persönlich fortwirkende Lebensmacht Christi, die uns alle immer aufs neue beschenken will. Jesus sagt einmal im Johannesevangelium vom Heiligen Geist: »Mein Vater wird ihn senden in meinem Namen; derselbe wird euch alles lehren und euch erinnern alles dessen, was ich euch gesagt habe.«

Es gibt in unseren Tagen nicht wenige Menschen, die meinen, man könne das Werk des Heiligen Geistes vor allem daran erkennen, daß durch ihn in uns ungewöhnliche Stürme, Erhitzungen und Erregungen des frommen Bewußtseins ausgelöst werden. Wer im Zungenreden zu schwelgen vermag, wer außerordentliche Traumgesichte empfängt und verzückte Laute ausstößt, der habe gewiß den Geist von oben empfangen. Aber das sind gefährliche Maßstäbe, die nur allzuleicht zu bedenklichen Verwechslungen mit okkulten oder dämonischen Kräften führen. Nicht die seelischen Aufpeitschungen sind das Heilsame; gesund bleiben wir allein durch die Geistesmacht, die uns die Worte Christi nahebringt und lebendig aufschließt.

Der Heilige Geist wird in den Abschiedsreden Jesu der

»Tröster« genannt. Im Urtext des Neuen Testaments bedeutet das Wort soviel wie Anwalt, Verteidiger, Fürsprecher, der uns seinen Rechtsbeistand leisten will, wenn wir in eine ausweglose Not geraten sind. Gerade diesen Dienst will uns der Geist Gottes tun. Er tröstet uns und steht uns bei, wenn wir verzweifelt sind über ein fehlgeschlagenes Leben, er stärkt uns mit Kraft aus der Höhe, wenn wir verzagen möchten angesichts der Zumutungen, die das Leben an uns stellt. Nicht da ist Heiliger Geist, wo wir in ein rauschhaftes religiöses Fieber versetzt werden. Aber überall da wird es Pfingsten, wo wir die Hirtenstimme Christi hören: »Meinen Frieden lasse ich euch, nicht gebe ich euch, wie die Welt gibt. Euer Herz erschrecke nicht und fürchte sich nicht.«
Auch die Welt ist unablässig darum bemüht, uns Frieden zu geben. Sie bemüht sich im großen wie im kleinen. Was wird uns heute nicht alles angeboten, um zum Frieden des Herzens zu gelangen: Schönheit in Wohnkultur und Kleidung, Gesundheitspflege, Reisemöglichkeiten, die in alle Welt führen, Seelengymnastik durch Yogakultur und vieles andere mehr. Danebenher laufen die angestrengten Bemühungen unserer führenden Politiker, der Menschheit den Völkerfrieden zu sichern. Aber man wird dabei an das Wort des Propheten Jeremia erinnert: »Sie sagen Frieden, Frieden, und ist doch kein Friede.«
Wie weit liegt der Zweite Weltkrieg hinter uns, und doch haben alle seither stattgefundenen Gipfelkonferenzen die damals entstandenen Verwüstungen noch immer nicht aufarbeiten können! Wir möchten das Heil von außen nach innen schaffen, und doch kann es nur von innen nach außen kommen. Der Geist Christi muß unser Herz berühren. Wo dieses Gnadenwunder sich ereignet, da zieht ein Friede bei uns ein, der höher ist als alle Vernunft. Haben wir aber Frieden mit Gott, dann dürfen wir auch mit uns selbst und mit den Menschen um uns her im Frieden leben. Allein über solche friedvollen Menschen kann Friedensgesinnung und Friedenswille in die Welt hinein ausstrahlen. Solange wir selbst innerlich zerrissen sind, brauchen wir uns nicht dar-

über zu wundern, wenn die Welt um uns her die gleiche unerlöste Gestalt zeigt.
Wenn der Friede Gottes durch die Versiegelung seines Geistes in unser Herz einzieht, dann entstehen dadurch ganz neue Möglichkeiten der Freude. An den äußeren Bedingungen des Daseins können wir zumeist kaum etwas ändern. Aber wir dürfen Gott bitten, wie es in den Worten des 51. Psalms heißt: »Schaffe in mir, Gott, ein reines Herz und gib mir einen neuen, gewissen Geist; tröste mich wieder mit deiner Hilfe und mit einem freudigen Geist rüste mich aus!«
Wie viele Menschen werden von einem Geist der Traurigkeit geplagt! Sie sehen in allen Dingen nur das Negative, das Schwierige, das Ungute und kommen aus dem Seufzen nicht heraus. Wer den Geist der Freude empfangen hat, lernt Gott lieben und loben in allen seinen Werken, ja er kann selbst unter Tränen lächeln.
Warum fehlt uns so oft der Geist des Friedens und der Freude, obwohl wir alle Sehnsucht danach haben? An der Geschichte des ersten Pfingstfestes wird deutlich: Der Geist Gottes kam zu der Schar Jünger, die einmütig beieinander versammelt waren. Pfingsten ist der Geburtstag der Kirche Christi. Darum verpflichtet uns dieses Fest zur Gemeinschaft untereinander. Es gibt soviel religiöses Einzelgängertum unter uns. Mag es in ehrlicher Frömmigkeit geschehen, die Gefahr ist doch groß, daß wir auf diesen einsamen Wegen verkümmern. Darum wollen wir die Absonderung überwinden und näher zusammenrücken! Zu Christus als dem lebendigen Haupt gehört der Leib mit den vielen Gliedern. Dieser Leib wird von seinem Geist belebt. Man muß Glied an diesem Leib sein, wenn man vom Strom des Geistes miterfaßt werden will.

TRINITATIS-SONNTAG

Das Fest der Fülle

Gelobt sei Gott, der Vater unsers Herrn Jesus Christus, der uns gesegnet hat mit allerlei geistlichem Segen in himmlischen Gütern durch Christus. Denn in ihm hat er uns erwählt, ehe der Welt Grund gelegt war, daß wir sollten heilig und unsträflich sein vor ihm. In seiner Liebe hat er uns dazu verordnet, daß wir seine Kinder seien durch Jesus Christus nach dem Wohlgefallen seines Willens, zum Lob seiner herrlichen Gnade, mit der er uns begnadet hat in dem Geliebten.
In ihm haben wir die Erlösung durch sein Blut, die Vergebung der Sünden nach dem Reichtum seiner Gnade, die er uns reichlich hat widerfahren lassen in allerlei Weisheit und Klugheit. Denn Gott hat uns wissen lassen das Geheimnis seines Willens nach seinem Ratschluß, den er sich vorgesetzt hatte in Christus, damit er ausgeführt würde, wenn die Zeit erfüllt wäre, daß alle Dinge zusammengefaßt würden in Christus, beides, was im Himmel und auf Erden ist. Eph. 1,3–10

Von dem Kirchenvater Augustin wird berichtet, er sei eines Tages, über das Geheimnis der Dreifaltigkeit Gottes nachsinnend, am Strand des Meeres entlanggegangen. Da kam er an einem Kind vorbei, das ein eigenartiges Spiel trieb. Das Kind hatte einen kleinen Becher in der Hand, mit dem schöpfte es eifrig im Meer und trug alsdann das Wasser an das Land, um es dort auszugießen. Augustin fragte den Kleinen, was er damit bezwecke, und er bekam zur Antwort: Das Meer will ich ausschopfen. Da durchfuhr es den großen Lehrer der Kirche, und er mußte bei sich denken: So wenig wie dieses Kind das Meer ausschöpfen kann, so wenig wird es dir jemals gelingen, das Geheimnis des dreifaltigen Gottes mit deiner Vernunft zu ergründen.
Mit dem Wort aus dem Eingangskapitel des Epheserbriefes mag es uns ähnlich ergehen. Dieser Lobpreis auf die dreifal-

tige Herrlichkeit Gottes ist derartig gefüllt und geladen mit starken Aussagen, daß wir von vornherein darauf verzichten müssen, das alles in seiner ganzen Breite, Länge, Höhe und Tiefe zu ermessen. So wollen wir uns damit begnügen, aus dem Meer dieses Reichtums drei Becher voll zu schöpfen. Das Trinitatisfest ruft uns zu: Wir sind von Ewigkeit her geliebt.
In Jesus Christus hat Gott der Welt diesen Liebesratschluß kundgemacht. In der Kraft des Heiligen Geistes dürfen wir alle daran Anteil haben.
Wenn ein Mensch zum Glauben kommt, nachdem er womöglich lange Zeit seines Lebens dem göttlichen Anruf ausgewichen war, dann bewegt uns verständlicherweise die Frage: Wie ist das zugegangen, welche Umstände haben den tief eingreifenden Umbruch bewirkt? Vielleicht haben eine schwere Krankheit oder ein Unglücksfall den Menschen zur Einkehr und Umkehr gebracht. Es kann auch ein aufwühlendes Buch oder ein seelsorgerliches Gespräch besonderer Art gewesen sein, durch das die Gottesstunde in dem betreffenden Menschenleben heraufgeführt wurde. Und doch reichen all diese vordergründigen Betrachtungen in keiner Weise aus.
Das Wort aus dem Epheserbrief bietet uns eine ungleich tiefere Deutung an. Es weist uns darauf hin: Wenn ein Mensch, auf welchem Weg auch immer, Gottes Eigentum wird, dann erfüllt sich an ihm ein göttlicher Plan, der von Ewigkeit her auf diese Zielerfüllung ausgerichtet war. Gott denkt nicht erst an uns in dem Augenblick, wo er in unser Leben eintritt. Nein, solche Gnadenstunden sind bei Gott von langer Hand her vorbereitet. Schon an unseren Eltern und Voreltern hat Gott hingebungsvoll gearbeitet, nicht allein um ihrer selbst willen, sondern zugleich auch dazu, daß sie für uns zu Helfern und Führern auf dem Weg zum ewigen Leben werden möchten. Und wo die Väter und Vorväter versagten, was es ja auch gibt, und sich für den göttlichen Auftrag an uns nicht gewinnen lassen wollten, da hat Gott andere Werkzeuge ausersehen und zubereitet, die für uns

den entscheidenden Retterdienst tun sollten. In Wahrheit reicht der göttliche Liebesplan und Liebesweg noch viel weiter zurück. Es waren dabei wirksam die großen Gestalten der Kirchengeschichte, ein Paul Gerhardt und Johann Sebastian Bach, die das Friedensangebot Gottes so tief ins Herz hineinzusingen verstehen. Es gehören dazu Luther und Calvin, die glaubensstarken Väter der Reformation, Bonifatius und die iroschottischen Mönche, durch deren aufopferungsvollen Dienst die nordischen Länder christianisiert wurden. Dahinter steht Paulus, der Apostel, der das Evangelium, aus jüdischer Verengung befreit, von Kleinasien nach Europa gebracht hat. Es müssen in dem Zusammenhang die Propheten des Alten Testaments genannt werden bis hin zu Abraham, in dem wir den ersten von Gott aus der Völkerwelt herausgenommenen Baustein in der Geschichte des Heils erkennen dürfen. Es ist der ewige Liebesratschluß Gottes, der sich in dieser unübersehbaren Wolke von Zeugen uns zugut auswirkt.
Darum gilt: Wenn wir Gott haben finden dürfen, so daß wir ihm von Herzen vertrauen und mit ihm lebendig im Bund stehen, dann ist das nicht erst ein Werk von heute, und gleich gar nicht ist es unser Verdienst, unsere Leistung. Nein, hier erfüllt sich, was Gott von Ewigkeit her beschlossen hat. Wir aber können ihm nicht dankbar genug dafür sein, daß er uns in seinen Liebesplan mit einbezogen hat. Gott hätte ja, statt an uns, auch an andere denken können. Wir brauchten nur in Tibet oder im Ural geboren zu sein, und das Evangelium würde uns aller Voraussicht nach nicht erreicht haben. Das bedeutet nicht, daß all die Menschen, die heute noch leer ausgehen und warten müssen, für immer verloren sind. Gott hat auch in zukünftigen Welten und Zeiten Wege und Möglichkeiten, Menschen zu sich heimzuholen. Wer aber schon in dieser Weltzeit von Gott gesucht wird, der sollte sich diesem einladenden Werben nicht entziehen. Wie schwer müßte es uns mit Schuld beladen, wenn wir zu den nach Gottes Vorsatz Berufenen gehören und die ewige Liebeswahl gleichwohl ablehnen!

Eine so herrliche Gewißheit, daß Gott an uns denkt, braucht ein Unterpfand von unerschütterlicher Gültigkeit. Sonst wagen wir es nicht zu fassen. Es gibt ja im Leben der Eindrücke und Erfahrungen genug, die uns an dieser großen Zuversicht irremachen könnten. Da sind die modernen Vermassungsprozesse. Der Mensch ist heutzutage nicht mehr viel wert. Die Menschen werden verbraucht und verschleudert, gequält und verletzt. Die Welt aber hat sich mehr oder weniger damit abgefunden. Wieviel verkraftet man heute in dieser Beziehung! Es sei nur daran erinnert, was uns die »Bildzeitung« an aufregenden und schaurigen Vorgängen Tag für Tag serviert. Die Gewißheit, dennoch bei Gott geliebt zu sein, ist darum alles andere als eine Selbstverständlichkeit.
Und doch gibt es eine Stelle in der Welt, da hat sich das verborgene Liebesgeheimnis Gottes für uns in Klarheit aufgetan. Das ist in der Erscheinung Jesu Christi geschehen. Paulus bezeugt diese frohe Botschaft mit den Worten: »Gott hat uns durch Christus gesegnet, er hat uns in ihm erwählt und dazu verordnet, daß wir seine Kinder seien.« Eine so außerordentliche Verheißung können wir uns niemals selbst sagen. Unser Gewissen, sofern es nicht ganz verhärtet und eingeschlafen ist, müßte vielmehr erklären: Ich habe keinen Anspruch darauf, habe ich doch Gott in meinem Leben schon ungezählte Male verachtet und betrübt, verlassen und vergessen. Angesichts dieser innersten Not unseres Lebens mag es uns eine besondere Hilfe bedeuten, wenn wir darauf hingewiesen werden: Die Christusgeschichte, in der Gott sich der Menschheit zugewandt hat, hat einen trostreichen und befreienden Mittelpunkt, das ist die Botschaft von der Selbstaufopferung Gottes am Kreuz im Kampf gegen Sünde, Hölle, Teufel und Tod. Hier vollendet sich der Weg der göttlichen Liebe, die schon vor Beginn der Weltenschöpfung auf dieses große, heilige Ziel hin ausgerichtet war.
Es heißt von Jesus Christus: »In ihm haben wir die Erlösung durch sein Blut, die Vergebung der Sünden, nach dem Reichtum seiner Gnade, die er uns reichlich hat widerfahren

lassen.« Im Hochsommer kann man an vielen Orten die herrlichsten Wasserspiele beobachten. In immer neuen Strömen fluten die Brunnen über von dem quellfrischen Naß, und das Auge kann sich nicht satt daran sehen. So strömt vom Kreuz her ein Brunnen göttlichen Erbarmens ohne Ende. Wir mögen noch so beladen sein mit Schuld und Angst, mit Gewissensnot und Verzweiflung, wer zu dem Brunnen dieses Heils hineilt, wird frei von allen Flecken, die sein Lebenskleid jemals beschmutzt haben.

Wir leiden oft darunter, daß in unserem Leben Sonntag und Werktag so auseinanderfallen. Am Feiertag, im Gottesdienst fühlen wir uns erhoben. Da dürfen wir etwas schmekken von den Kräften der ewigen Welt, die uns von allen Seiten umgibt. Aber in der Hetze und Aufregung des Alltags herrschen so ganz andere Gesetze und Einflüsse, so daß all das Gute, das wir von Gott empfangen haben, nur allzu rasch wieder versinkt und gegenstandslos wird. Und doch muß es nicht so sein, daß unser Leben in eine sakrale und profane Hälfte auseinanderbricht. Unser Schriftwort weist darauf hin: Der göttliche Ratschluß hat von Anbeginn der Welt her das Ziel gehabt, »daß in Christus alle Dinge zusammengefaßt würden, beides, was im Himmel und auf Erden ist«. Als der Herr über alles umfaßt Christus das Reich der Natur und die Welt des Geistes. Ihm gehört der Feiertag und der Alltag, das Gegenwärtige und das Zukünftige. Wir dürfen alles aus seiner Hand nehmen, es soll ihm aber auch alles wieder gehören, das Fest und die Arbeit, die Welt des Leibes und das Reich der Seele, die Ehe und der Beruf, das Singen und das Sorgen, das Spiel und der Ernst des Lebens. Gottes Erlösungsplan geht darauf aus, die ganze Schöpfung heimzuholen.

Wir müssen es lernen, das Christusgeheimnis viel umfassender zu verstehen. Sowohl in der Erbauungsliteratur wie in der theologisch-wissenschaftlichen Arbeit der Gegenwart erscheint Christus eigentlich immer nur bezogen auf die Seele, auf den Geist des Menschen, auf das Gewissen oder, wie man heute gerne sagt, auf die personale Existenzent-

scheidung. Darüber haben wir versäumt, über die Zusammenhänge nachzudenken: Christus und die Natur, Christus und der Leib, Christus und der Kosmos. Und doch gilt auch in dieser Beziehung: Was Gott zusammengefügt hat, das soll der Mensch nicht scheiden. Unser Leben muß eine Einheit werden. Es darf nicht auseinanderfallen in verschiedene Bereiche, von denen der eine Gott gehört, während die anderen an wer weiß welche Mächte ausgeliefert sind. Eine jede derartige Aufspaltung des Lebens muß uns ja innerlich zerreißen und schließlich an Leib und Seele krank machen. Heil und gesund kann nur der Mensch sein, in dessen Dasein alle Dinge von Christus wieder zur Einheit und Ganzheit zusammengefaßt worden sind.
Der universale Liebesratschluß Gottes, der in Jesus Christus Gestalt gewonnen hat, will den Weg auch zu uns finden. Durch den Heiligen Geist – man hat ihn schon den verlängerten Arm Gottes genannt – werden wir mit hineingezogen in die Dynamik des göttlichen Gnadenwillens. Paulus drückt es so aus: »Auch ihr, die ihr das Wort der Wahrheit gehört habt, da ihr gläubig wurdet, seid versiegelt worden mit dem Heiligen Geist, welcher ist das Unterpfand unseres Erbes zu unserer Erlösung.« Damit wird uns der gesunde biblische Weg gezeigt, der zur Errettung führt. Zuerst muß der Ruf des Evangeliums erschallen und das Wort der Wahrheit gehört werden. Daß uns diese Möglichkeit abermals zuteil geworden ist, angefangen vom Ersten Advent bis zum Trinitatissonntag, dafür wollen wir am Abschluß der festlichen Hälfte des Kirchenjahres Gott von Herzen dankbar sein. Es ist nicht selbstverständlich, und wir wissen nicht, wie lange wir uns dieser schönen Freiheit werden erfreuen dürfen. Wollen wir darum unser Herz der Botschaft von dem göttlichen Liebesratschluß weit öffnen! Dann kann Gottes Geist bei uns einkehren, und es wird uns zur frohen Gewißheit werden, daß wir als die Versiegelten mit hineingehören in die große Reichsbewegung, die von Anbeginn der Welt auf die Vollendung aller Dinge hinzielt.
Das alles geschieht dazu, sagt der Epheserbrief, »daß wir

sollten heilig und unsträflich sein vor ihm, daß wir etwas seien zum Lob seiner Herrlichkeit«. Gewiß, Menschen, denen es ernst darum ist, den Christennamen zu tragen, leben zuerst und zuletzt von der Vergebung Gottes. Keiner von uns ist so fehllos und untadelig, daß er dieser Vergebung nicht täglich bedürftig wäre. Aber darüber wollen wir das andere nicht überhören. Es darf und soll im christlichen Leben auch zu Erweisungen des göttlichen Sieges kommen. Da, wo andere prozessieren, sich streiten und trennen, darf unter Christen aufgrund der empfangenen und gegenseitig sich gewährten Vergebung alles wieder gut werden. Während andere nur an sich selbst denken, an ihr Glück, an ihren Genuß, darf unter Christen ein freiwillig gebrachtes Opfer zum Durchbruch kommen. Wieviel Schaden und Herzeleid kann dadurch verhütet und beseitigt werden! Jedenfalls wollen wir darauf bedacht sein, daß Christus nicht nur unsere Lasten zu tragen bekommt. Wir wollen ihm auch mittragen helfen bei der Überwindung von Leid und Elend in der Welt.

Der christliche Glaube an den dreieinigen Gott ist von alters her ein Gegenstand vielfältiger Angriffe gewesen. Schon das Judentum und der Islam haben sich heftig daran gestoßen, das moderne Freidenkertum hat sich angeschlossen mit der spöttischen Kritik, wie denn drei gleich eins und eins gleich drei sein könne. Das Schriftwort aus dem Epheserbrief kann uns helfen, das Geheimnis der Dreieinigkeit besser zu verstehen. Es weist uns hin auf eine dreifaltige Liebesbewegung. Die erste ist hervorgegangen aus dem Herzen Gottes des Vaters vor Grundlegung der Welt. Die zweite ist aufgebrochen in der Sendung Jesu Christi in die Welt, als die Zeit dafür erfüllt war. Die dritte Liebesbewegung aber ereignet sich immer aufs neue, wenn Gottes Geist ein Menschenherz durch das Wort der Wahrheit entzündet und die Zuversicht der Gotteskindschaft dadurch in uns erweckt wird. Es offenbart sich hier eine heilige Dynamik in Gott, die wir am besten so zusammenfassen können: Gott durch Jesus Christus im Heiligen Geist: unser Vater, Heiland und Helfer. Zu-

gleich dürfen wir dessen gewiß sein: So wie Gott sich in diesem dreifachen Liebesdurchbruch für uns erschließt, so ist er auch im Grund seines Wesens, mag diese wundersame Wahrheit auch weit über unser Begreifen und Verstehen hinausgehen.
Philipp Melanchthon, der, der Gewohnheit seiner Zeit folgend, lieber lateinisch als deutsch schrieb, schreibt einmal: »Mysteria trinitatis melius adoraverimus quam investigaverimus.« Dieses Wort will bedeuten: Es ist weitaus besser, das Geheimnis des dreifaltigen Gottes anzubeten, statt es zu zerreden und ergrübeln zu wollen. In der Tat, der Lobpreis ist die einzig angemessene Form, wie die Botschaft von dem dreieinigen Gott in der Christenheit bezeugt werden kann. Darum hat diese Wahrheit je und je ihren stärksten Ausdruck gefunden im Lied der Kirche und in den großen Werken der Kirchenmusik. Dort gehört sie hin, dort erhält sie die wesensgemäße würdige Gestalt. In diesem Sinn wollen wir rühmen und bekennen:

Gott Vater, dir sei Preis, hier und im Himmel oben,
Herr Jesu, Gottes Sohn, ich will dich allzeit loben.
O Heil'ger Geist, dein Ruhm erschall je mehr und mehr.
Dreieinger Herr und Gott, dir sei Lob, Preis und Ehr.

KIRCHWEIHFEST

Gottes Haus

So seid ihr nun nicht mehr Gäste und Fremdlinge, sondern Mitbürger der Heiligen und Gottes Hausgenossen, erbaut auf den Grund der Apostel und Propheten, da Jesus Christus der Eckstein ist, auf welchem der ganze Bau ineinandergefügt wächst zu einem heiligen Tempel in dem Herrn, auf welchem auch ihr mit erbaut werdet zu einer Behausung Gottes im Geist. Eph. 2,19–22

In unseren Tagen kann man aus dem Munde vieler evangelischer Christen die Äußerung hören: Gott, Christus, die Bibel, das Gebet, den persönlichen Heilsglauben, das alles möchte ich auf keinen Fall preisgeben. Ich denke nicht daran, meinen Glaubensstand zu wechseln oder gar zu einer antichristlichen Weltanschauung überzugehen. Aber all diesen Reichtum der Verbundenheit mit Gott kann man doch ebensogut für sich allein haben, dazu braucht man doch nicht notwendig das Leben in und mit der Kirche.

Das ist zweifellos eine Stimmung, die wir in weiten Kreisen verbreitet finden, sowohl bei einfachen frommen Seelen wie auch bei vielen Vertretern der geistig führenden Schichten. Über eines aber sollten wir uns klar sein: Diese Haltung bedeutet eine tiefe Not, zuerst für unsere evangelische Kirche, die heute mehr denn je auf die treue Mitarbeit eines jeden einzelnen ihrer Glieder angewiesen ist. Diese Einstellung bedeutet aber gewiß auch Not für alle, die sich dergestalt verhalten und zumeist gar nicht ahnen, wieviel ihnen dadurch verlorengeht.

Der Rückblick in die Geschichte zeigt uns: Unkirchlichkeit, religiöses Einzelgängertum, frommes Privatchristentum waren gewiß nicht das ursprüngliche Merkmal der reformatorischen Bewegung. Im Gegenteil, Martin Luther hat die Kirche als die Braut Christi innig geliebt. Nicht um ihre Zerstörung, sondern um ihre Reinigung, Heilung und Erneuerung ging es ihm bei seinem Lebenswerk. Nur widerwillig ließ er sich als Liebhaber der Kirche aus der bestehenden Kirche hinausdrängen, weil man seinen gewissenweckenden Ruf dort nicht hören wollte. Alsbald aber fing er wieder an, Kirche zu bauen aus den lebendigen Kräften von Wort und Sakrament, von Gebet und brüderlicher Gemeinschaft. Wir können darum das Kirchweihfest nicht besser begehen, als daß wir uns drei Fragen zur Beantwortung vorlegen: Warum brauchen wir die Kirche, was verdanken wir ihr, was schulden wir ihr?

Es ist ein großartiges Bild, das der Apostel Paulus im Epheserbrief vor uns hinstellt. Er nennt Jesus Christus den Eckstein, der von Gott mit der unverrückbaren Wucht der Ewigkeit in den schwankenden Grund dieser Welt gelegt worden ist. Man kann Jesus Christus nicht von unten her erklären. Dieser Versuch ist zwar oftmals gemacht worden. So hat man Jesus gerühmt als eine hochstehende sittliche Persönlichkeit, als tugendhaften Weisheitslehrer und tiefsinnigen Mystiker. Aber all diese Deutungen reichen in keiner Weise aus, das Geheimnis seiner Person zu erklären. Jesus Christus stammt aus dem Herzen Gottes, er ist Geschenk und Gabe der ewigen Liebe an uns Menschen, wofür wir nie genug dankbar sein können. Man hat oftmals versucht, diesen Eckstein zu verrücken oder gar ihn zu zerschlagen. Jedes Jahrhundert hat neue Angriffe gegen die Lebensmacht Christi unternommen, aber sie sind alle gescheitert an der Wucht und Gewalt dieses Fundaments, und wir dürfen gewiß sein, auch künftigen Zeiten wird es nicht gelingen, Christus aus dem Lebensraum der Menschen zu entfernen.

Auf diesem Grund- und Eckstein kommen wie gewaltige Quaderblöcke die Zeugenstimmen der Apostel und Propheten zu liegen. Wir werden damit darauf hingewiesen: Wir sollen Christus nicht haben und erleben wollen in allen möglichen Verzückungen und Entrückungen, in Ekstasen und Visionen. Wir bestreiten nicht, daß es das alles geben mag und gegeben hat. Aber die Menschen, die auf diese Weise mit Christus Umgang halten wollten, waren immer in der Gefahr, sich auf solchen selbst gewählten Wegen in eigenwilligen Meinungen und Vorstellungen zu verirren, falls sie nicht gar dämonischen und okkulten Mächten dabei in die Hände gefallen sind. Darum hat Martin Luther stets mit Nachdruck erklärt, er wolle von keinem andern Christus wissen als dem, der sich uns in dem biblischen Wort Alten und Neuen Testaments kundmacht.

Unsere Gottesgemeinschaft soll ruhen »erbaut auf dem Grund der Apostel und Propheten«. Warum ist das Zeugnis des Alten Testaments so wichtig für unseren Glauben? Wir finden dort schon die großen Verheißungen, die auf den kommenden Welterlöser hinweisen. So hören wir bei Jeremia im 31. Kapitel die tröstliche Botschaft: Der alte Bund, der auf Gesetz und Leistung, auf Forderung und Abrechnung gegründet war, soll abgelöst werden durch ein neues Bundesverhältnis, das von Vergebung und Liebe bestimmt sein wird. Im Buch des Propheten Jesaja wird im 53. Kapitel darauf hingewiesen: Die Heilszeit kann nur dadurch zum Durchbruch kommen, daß der Knecht Gottes leidet und sich selbst mit seinem Leben zum Opfer bringt.

Und warum brauchen wir die Stimmen der Apostel? Können uns nicht die Worte Jesu allein vollauf genügen? Die Apostel waren die Augen- und Ohrenzeugen von Jesu Tod und Auferstehung. Sie geben uns die Gewißheit, daß das Leben Jesu, sein Kämpfen und Siegen, geschichtliche Wirklichkeit war und nicht der Niederschlag frommer religiöser Dichtung. Die Apostel sind die geistesmächtigen Ausleger der Worte und Taten Christi. Gewiß, die vier Evangelien sind niemals in ihrer Reichtumsfülle auszuschöpfen. Aber wollen wir deswegen den Römerbrief vermissen, das Hohe Lied der Liebe und der Hoffnung im Ersten Korintherbrief, das Lied der Freude im Philipperbrief und die tiefsinnige Deutung des Opfergangs Jesu im Hebräerbrief? Nein, laßt uns unsren Glauben gründen auf dem vollen Zeugnis der Apostel und Propheten, nur dann haben wir festen Boden unter den Füßen.

Gleichzeitig werden wir aufgefordert, uns als lebendige Steine einfügen zu lassen in den großen Tempelbau Gottes, der durch die Zeiten heranwächst und in dem Jesus Christus nicht nur der alles tragende Grund- und Eckstein, sondern auch der alles zusammenfassende krönende Schlußstein ist. Wir wollen unser Leben nicht in ichsüchtiger Abkapselung für uns allein leben. Wir wollen uns tragen lassen von den Vätern, die vor uns gewesen sind. Wir brauchen uns im Schwabenland nur zu erinnern an die Namen von Brenz und Bengel, von Oetinger und Hofacker, von Philipp Matthäus und Michael Hahn, von Flattich, Rieger und Roos bis hin zu Karl Heim, Karl Hartenstein und Theophil Wurm.

Wir wollen uns aber nicht nur tragen lassen von dem Zeugnis und Segen derer, die vor uns gewesen sind. Wir wollen auch unsererseits bereit sein mitzutragen, um für andere, die nach uns kommen, Halt und Hilfe zu sein. Wer den Weg zur Gemeinde nicht findet, dessen Glaubensleben ist leicht in der Gefahr zu verkümmern. Wir verfallen in Einseitigkeiten. Man sondert sich ab und wird ein Sonderling, ohne es zu merken. Umgekehrt gilt: Wie reich können wir beschenkt werden, wenn wir uns dem Leben der Gemeinschaft nicht entziehen!

Unser persönliches Schriftverständnis ist immer begrenzt. Keiner von uns besitzt die Fülle der Wahrheitserkenntnis für sich allein. Wohl aber können wir uns gegenseitig dazu helfen, die Schatzkammern des göttlichen Wortes weit aufzuschließen. Was dem einen verborgen bleibt, ist dem anderen aufgrund seiner Lebensführung einsichtig und bedeutsam geworden. Und ebenso darf auch ich wieder mit meiner Erfahrung und Schau anderen zu Diensten sein.

Die Kirche schenkt uns die Gemeinschaft des Gebets. Wir sind ja in uns selbst nicht so reich, daß wir aus dem Überfluß des Herzens heraus beten könnten. Unsre Seele gleicht oft einem dürren und ausgetrockneten Land. Wir haben keine Kraft, uns aufzuschwingen. Da schenkt uns die Kirche das Gesangbuch, den Gebetsschatz der Väter, die gottesdienstlichen Feierstunden und hilft uns dadurch auf. Da sind andere neben mir, die mit Freudigkeit vor Gott treten. Ihre glaubenszuversichtliche Haltung nimmt auch meine müde Seele mit und trägt sie empor. Darum wollen wir auch die Abkündigungen am Schluß des Gottesdienstes, die von Taufe, Trauung und Grablegung in der Gemeinde reden, von dem Auftrag der Liebeswerke im Reich Gottes, nicht nur mit halbem Ohr über uns ergehen lassen. Wir werden dadurch erinnert und gemahnt, Freud und Leid der Gemeinde in Fürbitte und Opfer mit zu tragen und nicht nur an uns selbst zu denken.

Die kirchliche Gemeinschaft möchte uns stärken im Kampf der Heiligung. Wie hart fällt uns in der Stunde der Versu-

chung das Widerstandleisten gegen Fleisch und Blut, gegen Sünde und Satan! Da will uns das Leben in der Gemeinde zu Hilfe kommen. Die Verzagten mögen sehen: Wir sind nicht allein mit unserem schweren Ringen. Andere um uns her haben auch ihre Last zu tragen. Schon davon kann Stärkung ausgehen, zu wissen: Ich habe Mitkämpfer zur Seite, die auch tapfer sind und sein müssen. Dazu finden sich in jeder christlichen Gemeinde Männer und Frauen, die im Glauben gereift und bewährt sind. Sie können uns durch ihr Wort und Wesen Mut machen, daß auch wir uns von Gott Großes an Hilfe und Heilung erbitten.
Freilich, nun gibt es manche, die im stillen seufzen, wenn sie das alles hören. Sie sagen: Es ist ja recht und gut, was uns da als Idealbild vom Leben in und mit der Kirche gezeigt wird. Aber wo in aller Welt erleben wir solches als Wirklichkeit? Ist das tatsächliche Leben unserer Gemeinden nicht ganz anders? Man kennt einander oft kaum und geht unbeteiligten Herzens aneinander vorüber. Kann man sich nicht als Glied der Gemeinde oft sehr einsam und verlassen vorkommen? Wir müssen zugeben: Es ist im Blick auf den Gemeindeaufbau aus dem Evangelium über Generationen hin viel versäumt worden. Wir kommen her von einer Blütezeit des religiösen Individualismus und brauchen uns deshalb nicht darüber zu wundern, wenn wir in unseren Tagen nur schwer zu neuer Gemeindeverbundenheit gelangen. Und doch, wenn uns nur die eine Wahrheit wieder groß geworden ist: Christus und die Kirche gehören zusammen. Zum Hirten gehört die Herde, zum lebendigen Haupt gehören die Glieder, die von ihm regiert werden, zum Bräutigam gehört die Brautgemeinde. Wenn uns das einsichtig geworden ist, dann können wir nicht anders als unsere Gemeinde liebhaben, durch deren Dienst Gott uns seinen vollen Gnadenreichtum vermitteln möchte.
In der evangelischen Kirche ist Kritik gewiß nicht verboten, und wir als Pfarrer und Theologen wollen Gott um den rechten Geist der Demut bitten, daß wir nicht gekränkt und beleidigt sind, wenn wir auf Mängel und Gebrechen in unserem

persönlichen Dienst und im Gesamtleben der Kirche aufmerksam gemacht werden. Nur das eine muß allerdings mit großer Deutlichkeit hinzugefügt werden: Kritik an der Kirche hat nur dann Sinn und Verheißung, wenn sie aus innerster Bereitschaft kommt, solche Nöte mitzutragen und an ihrer Überwindung tatkräftig mitzuhelfen. Wer nur zuschauerhaft von außen her an der Kirche herumnörgelt, der tut ihr keinen Dienst. Er gefährdet sich gleichzeitig selber dabei, weil Kritik ohne Mitverantwortung die Selbstgerechtigkeit erhöht und den Charakter verdirbt.

Unsere wichtigste Verantwortung hat darin zu bestehen, daß wir uns alle mit neuer Freudigkeit und Treue in das gottesdienstliche Leben unsrer Gemeinde hineinstellen. Wir wollen den Gottesdienst nicht auffassen wie den Besuch eines Konzertes, wo man sich etwas Schönes vorspielen läßt und danach entweder applaudiert oder kritisiert. Wir wollen den Gottesdienst verstehen lernen als die große Heerschau Christi, wo der Herr sein Volk um sich sammelt und wo wir durch unser bloßes, leibhaftiges Mitdabeisein bereits ein Bekenntnis ablegen, daß wir auch zu den Bürgern und Hausgenossen im Reiche Gottes gezählt sein möchten.

Albert Schweitzer schildert in dem kostbaren Erinnerungsbuch »Aus meiner Kindheit und Jugendzeit« die Gottesdienste in seinem Heimatdorf Günsbach im Oberelsaß, wo sein Vater Pfarrer war. Er schreibt: Diese Stunden gehören zu den stärksten Eindrücken meiner Jugend. Wie feierlich saßen sie da, die Männer und Frauen in ihrer schlichten Münstertäler Tracht. Einer von diesen Alten war so taub, daß er kein Wort von der Predigt verstehen konnte. Aber allsonntäglich saß er an seinem Platz. Als mein Vater ihn einst bedauerte, daß er ohne zu hören am Gottesdienst teilnehmen müsse, schüttelte er lächelnd den Kopf und wehrte ab mit den Worten »Gemeinschaft der Heiligen«. Dieser alte Elsässer Bauer hat noch etwas davon verstanden, worum es im evangelischen Gottesdienst geht, daß wir uns durch unser Dasein mit einbauen lassen als lebendige Steine in den Tempelbau Gottes.

Man könnte den Gottesdienst den Herzschlag des Gemeindelebens nennen. Aber nicht weniger wichtig ist es, daß die Gemeinde auch nach dem Gottesdienst und außerhalb des Gottesdienstes lebt. Das Blut muß durch alle Adern fließen, bis zuletzt über die feinsten Haargefäße, die Kapillaren, jede Zelle mit Sauerstoff und Nahrung versorgt wird. In der Beziehung sind uns die Sekten über. Wohl sind sie kleiner an Zahl und können ihre Kreise darum leichter führen und betreuen, als das in den großstädtischen Gemeinden der Landeskirche möglich ist. Und doch müssen auch wir dahin kommen, daß wir zu einer stärkeren Lebensgemeinschaft zusammenwachsen. Martin Luther hatte in dieser Beziehung höchst plastische Vorstellungen. Er meinte, in der Gemeinde sollte einer des andern täglich Brot, einer des andern Christus sein. In der Gemeinde, um die es recht steht, darf sich nach der Schau des Reformators niemals ein Mensch verlassen vorkommen, weder in Leibes- noch in Seelennot, weil immer ein Bruder, eine Schwester zur Rechten oder Linken bereitstehen, um sich des Gefährdeten oder Bedürftigen anzunehmen.

In der Beziehung muß jeder von uns lernen, etwas zu tun. Man kann einen Kranken besuchen, einem Blinden eine Stunde vorlesen, einer kinderreichen Mutter den Flickkorb abnehmen. Wer wertvolle Bücher hat, leihe etwas aus von seinen Schätzen! Wem eine helle, frische Stimme geschenkt ist, stelle sich dem Kirchenchor zur Verfügung! Wer Freude an Kindern hat, diene ihnen als Helfer im Kindergottesdienst oder wandere mit der Jugend. Wenn jeder von uns etwas tut, dann wird es sich zusammenzählen und auswirken als ein Segensstrom, der durch die Gemeinde hindurchgeht. Dieses allgemeine Priestertum gilt es, neu zu erwecken.

Das Schriftwort aus dem Epheserbrief sagt uns: Wenn wir uns als lebendige Steine in den Tempelbau Gottes einfügen lassen, dann sind wir nicht mehr »Gäste und Fremdlinge«, nicht mehr heimatlose Leute, sondern »Mitbürger der Heiligen und Gottes Hausgenossen«. Die irdische Heimat wer-

den wir alle früher oder später einmal verlassen müssen. Wohl uns, wenn wir dann um eine ewige Heimat bei Gott wissen, in der wir Bürgerrecht haben!
Unser Volk liebt und pflegt das Vereinswesen. In jeder Stadt gibt es Vereine ohne Zahl, wo Menschen sich zusammenfinden aufgrund gemeinsamer Neigung für die Musik, für den Sport, für das Kegeln oder für die Jagd. Es sei nichts gegen diese Vereine gesagt. Sie können uns manche frohe, gesellige Stunde vermitteln, an die wir gern zurückdenken. Nur das eine sollten wir uns klarmachen: Wir brauchen darüber hinaus Besseres und Größeres. Wir brauchen die Anwartschaft auf das ewige Leben in der Gemeinschaft mit Gott. Diese Gewißheit vermittelt uns keine Vereinsmitgliedschaft, sondern allein die Beheimatung im Hause Gottes, die wir nicht früh genug festmachen können, auf daß wir in der Stunde der letzten Not nicht ratlos und verlassen sind.

MICHAELISTAG

Christus größer als die Engelmächte

Denn in ihm ist alles geschaffen, was im Himmel und auf Erden ist, das Sichtbare und Unsichtbare, es seien Throne oder Herrschaften oder Reiche oder Gewalten; es ist alles durch ihn und zu ihm geschaffen. Und er ist vor allem, und es besteht alles in ihm.
Kol. 1, 16.17

Die materialistische Weltanschauung, die mit der letzten Jahrhundertwende zum Durchbruch kam, wollte nur das als Wirklichkeit gelten lassen, was man mit den Händen betasten, was man mit Instrumenten messen, wiegen oder photographieren kann. Alles, was sich dieser sichtbaren Nachprüfbarkeit entzog, wurde abgelehnt, sollte lauter Einbildung, Wahn und Trug sein. Man erklärte spöttisch und überlegen: Wir haben den Leib des Menschen in der Anatomie durchwühlt und keine Seele gefunden. Wir haben den Himmel mit unseren Fernrohren abgesucht und nirgends etwas von Engeln oder Dämonen entdecken können.

Fünfzig Jahre haben genügt, um diese materialistische Selbstsicherheit gründlich zu erschüttern. Wir haben gemerkt, die Welt ist tiefer, abgründiger, geheimnisvoller, als sie sich uns in dem Weltbild der exakten naturwissenschaftlichen Betrachtung darstellt. Wir sind im Zusammenhang mit furchtbaren Gerichten und Katastrophen auf die Realität der Dämonen gestoßen. Wir haben aber auch erleben dürfen, daß es Schutzengelmächte gibt, die mitten in der Gefahr von Feuer und Überfall einen Menschen wundersam zu bewahren vermochten.

Es ist für unser Glaubensleben von entscheidender Bedeutung, daß wir die Realität der unsichtbaren Mächte und Reiche wieder entdecken lernen. Gott wird uns dadurch größer als zuvor. Wir fangen an zu ahnen, daß sich die gewaltige Gottesschöpfung nicht in dem erschöpft, was wir in dieser sichtbaren Welt vor Augen haben. Gottes Machtbereich umfaßt auch unsichtbare Welten, die von unvorstellbarer Weite, Fülle und Herrlichkeit sind.

Die biblischen Zeugen des Alten und Neuen Testaments müssen von dem allen viel mehr gewußt haben als unser Geschlecht, das den jenseitigen Reichen gegenüber so blind geworden ist. Darum reden sie von den starken Helden Gottes, von den unzählbaren Engelheeren, die Gott als dienende Geister zur Verfügung stehen. Sie geben diesen hehren Gewalten klar bestimmte Namen und heißen sie: Throne, Herrschaften, Fürstentümer und Obrigkeiten.

Wieviel Hilfe und Halt kann es uns bedeuten, wenn wir uns sagen dürfen: Wir sind nicht allein bei dem schweren Kampf wider die Mächte der Lüge und der Finsternis. Engelfürsten stehen uns bei, kämpfen mit uns zusammen für Gottes Ehre und Reich.

Als eine besonders hohe und erhabene Engelmacht ist in der Christenheit aufgrund des neutestamentlichen Zeugnisses von jeher die Gestalt Michaels geehrt worden. Auch die christliche Kunst hat davon in jedem Jahrhundert Zeugnis abgelegt. Die heilige Überlieferung berichtet: Als einst eine hohe Geistermacht im Rat der Engel aufrief zur Auflehnung gegen Gott, da sei Michael dagegen aufgestanden und habe gerufen: Wer ist wie Gott, daß wir es wagen könnten, der übergewaltigen Majestät Gottes entgegenzutreten? Von daher hat der Erzengel Michael seine besondere Würde und Beauftragung, die Sache Gottes im Himmel und auf Erden zu führen wider allen Geist der Empörung, der Unordnung und der Ehrfurchtslosigkeit. Wir wollen uns darüber freuen, wenn heute wieder viele Menschen aufmerksam werden auf die Geheimnisse der jenseitigen Welten. Wieviel öder, oberflächlicher Materialismus wird dadurch abgetan und überwunden! Aber auch die Neuentdeckung der Engelwelten in unserem Zeitalter ist nicht ohne Gefahren. Es kann nur zu leicht geschehen, daß ein Mensch, von dieser Schau ergriffen und überwältigt, bei den lieben Engeln hängenbleibt und daß ihm darüber der Zugang zu dem Herzen Gottes verlorengeht.
So war es damals in der Gemeinde zu Kolossä. Diese Menschen konnten nicht genug hören und erfahren von den höheren Welten, von ihren Kräften und Zusammenhängen. Darüber verblaßte ihnen das Bild Christi in seiner einzigartigen Herrlichkeit. Paulus, der Apostel, denkt nicht daran, die Realität dieser höheren Wesenheiten zu bestreiten. Aber er sagt seinen Lesern: Vergeßt niemals, euer Herr kann allein Jesus Christus sein. Er ist das ewige Wort, das vor der ganzen Weltenschöpfung war. Durch ihn haben nicht nur alle sichtbaren Kreaturen, sondern auch alle unsichtbaren Kräfte und Reiche ihren Ursprung, ihren Bestand und ihr Ziel.
Wir wollen die Boten und Helden Gottes lieben! Wir wollen um ihre Schutzmacht bitten, aber wir wollen sie nicht anbeten! Dafür wollen wir uns mit ihnen zusammen vereinen in

der Anbetung des Herrn, dem Gott die Macht über alle Mächte und die Herrschaft über alle Herrschaften in sichtbaren und unsichtbaren Bereichen gegeben hat!

ERNTEDANKFEST

Gottes Schöpfungssegen

Es wartet alles auf dich, daß du ihnen Speise gebest zu seiner Zeit. Wenn du ihnen gibst, so sammeln sie; wenn du deine Hand auftust, so werden sie mit Gut gesättigt. Verbirgst du dein Angesicht, so erschrecken sie; du nimmst weg ihren Odem, so vergehen sie und werden wieder zu Staub. Du lässest ausgehen deinen Odem, so werden sie geschaffen, und du erneuerst die Gestalt der Erde. Die Ehre des Herrn ist ewig; der Herr hat Wohlgefallen an seinen Werken. Er schaut die Erde an, so bebt sie; er rührt die Berge an, so rauchen sie. Ich will dem Herrn singen mein Leben lang und meinen Gott loben, solange ich bin. Ps. 104, 27–33

Eine auch in christlichen Kreisen weitverbreitete Meinung geht in der Richtung, als wäre Gott nur ein Gott der Innerlichkeit, als hätte Gott es nur mit Seele und Geist des Menschen zu tun, nicht aber mit seinem Leib und nicht mit der Erde. Die Bibel ist weit davon entfernt, das Werk Gottes so einzuengen. Sie sagt uns vielmehr auf jeder Seite: Gott ist Herr im Reich der Geschichte und der Natur, er ist Herr über Leib und Seele, sein lebendiger Odem waltet in allem Geschehen der Welt.
Das Erntedankfest möchte uns dazu verhelfen, daß wir unser Herz weit auftun, daß wir Gott erkennen in allen seinen

Schöpfungswerken und ihm danken für den Reichtum seiner Gaben. Wieder haben die Gärten, die Äcker und Felder, die Obstbäume und die Weinberge vielfältige Frucht getragen. Das Frühjahr fing wohl naß und unfreundlich an, und schon wollte unser verzagtes, allezeit zur Unzufriedenheit geneigtes Herz klagen und anklagen. Aber dann haben heiße Sommerwochen und ein warmer Herbst dazu geholfen, daß Roggen und Hafer, Gerste und Weizen, die Früchte an den Zweigen und die Trauben am Weinstock ausreifen konnten.

Wir wollen das alles nicht als etwas Selbstverständliches hinnehmen. Besonders wir verstädterten Menschen haben das ehrfürchtige Staunen und Danken leider weithin verlernt. Weil unsere Läden prall voll sind, meinen wir, es müsse immer so sein, daß alles in Hülle und Fülle vorhanden ist. Ist etwas auf heimatlichem Boden nicht reichlich genug gewachsen, dann, so denken wir, gibt es ja internationale Transportmittel genug, die uns kanadischen Weizen, Zucker aus Kuba, Südfrüchte aus Italien und Spanien jederzeit in der gewünschten Menge zubringen. Allzu schnell haben wir vergessen, wie armselig wir in den Kriegs- und Nachkriegsjahren daran waren, als alle Zugänge nach außen hin versperrt waren und wir die Kinder nicht satt machen konnten. Daran wird doch deutlich: Wir haben es nicht selbst in der Hand, wir bedürfen in allen Stücken der Schutzmacht Gottes und seiner darreichenden Hilfe, wir können ohne seinen Schöpfungssegen nicht leben.

Als Stadtleute wollen wir am Erntedankfest gewiß auch den Bauern danken. Wieder haben sie sich ein Jahr lang geplagt, auch uns zugut. Im Schweiß ihres Angesichts sind sie an die Arbeit gegangen, in Sonne und Regen, mit Pflügen und Umgraben, mit Säen und Mähen, mit dem Einfahren und Abladen der Ernte. Schon Paracelsus hat mit Recht betont: Was auf heimatlichem Boden gewachsen ist an Korn, Obst und Gemüse, ist immer zuträglicher und bekömmlicher, als was aus fremden Landen zugebracht wird. Darum gebührt den Männern und Frauen im Dorf landauf, landab aufrichti-

ger Dank. Daß das Dorf gesund bleibt, daß die Landflucht in die Fabriken nicht immer weiter überhand nimmt, das sind Lebensfragen allerersten Ranges für unser Volk und zugleich für einen jeden einzelnen von uns.
Und doch, so sehr Menschenhände beachtet und bedankt sein sollen im Blick auf die Zubereitung von Brot und Speise aller Art, der Beter des 104. Psalms verdient wahrhaftig unser Gehör, wenn er uns zuruft: »Es wartet alles auf dich, Herr, daß du ihnen Speise gebest zu seiner Zeit. Wenn du ihnen gibst, so sammeln sie; wenn du deine Hand auftust, so werden sie mit Gut gesättigt.« Es ist ein großartiges Bild, das uns damit vor Augen gestellt wird: Die ganze Schöpfung liegt vor uns ausgebreitet da und wartet darauf, daß Gott sein Werk an ihr tun möge, daß er vom Himmel her Wachstums- und Segenskräfte spendet durch Sonne und Sternenlicht, durch Wind, Wolken und Regen. Denn ohne dieses Darreichen gibt es kein Sammeln und Sattwerden für uns.
In der Blütezeit des »Dritten Reichs« wurde den Kindern in den nationalsozialistischen Bildungsstätten das Tischgebet gelehrt: »Hände falten, Köpfchen senken und an Adolf Hitler denken, der uns über alles liebt und das täglich Brot uns gibt.« Im Osten mußte derselbe Vers dann bald darnach auf Josef Stalin umgedichtet werden. Man wollte der Jugend damit eintrichtern: Auf Gottes Güte und Beistand können wir ruhig verzichten. Es genügt, wenn ein machtvoller Diktator da ist, der mit starker Hand regiert und der befiehlt, wieviel Ackerfläche anzubauen ist, um alle satt zu machen. Auf die Weise wollte man die Brotfrage gelöst haben. Ach, und wie sind die Völker dann zuschanden geworden an diesem Hochmut und Übermut! Wie hat sich das Wort der Wahrheit bestätigt: »Du nimmst weg ihren Odem, so vergehen sie und werden wieder zu Staub.«
Wir Menschen können uns das Leben nicht selbst geben und nicht selbst erhalten. Gott muß seinen Lebensgeist ausgehen lassen, der Schöpfer Himmels und der Erden muß Jahr um Jahr die Gestalt der Erde erneuern, sonst ist es bald um uns geschehen. Wir können wohl niemand verwehren, die

Überzeugung zu vertreten: Die Natur erhält sich aus sich selbst, die Natur besitzt in sich selbst einen unerschöpflichen Reichtum an Kräften der Bewegung und der Entfaltung, zu dem allen bedarf es der Gotteswirklichkeit nicht. Wer aber Gottes Anruf in seinem Herzen und Gewissen einmal vernommen hat, dem ist es unerschütterlich gewiß: Der Gott, der mir in Jesus Christus die Hand reicht und mich zu seiner Kindschaft beruft, ist auch der Herr des Alls. Von ihm, durch ihn und zu ihm sind alle Dinge.

Wenn Gott, der Herr, der Schöpfer ist, dann kommen aus seiner Hand nicht nur der Segen der Felder und das Geschenk des Brotes, dann ist er auch am Werk, wenn große und schwere Katastrophen hereinbrechen. Wir mögen dabei an Sturmfluten mit Erdbeben, an Hungersnot und Feuerbrände denken. Unser Psalm sagt dazu: »Er schaut die Erde an, so bebt sie; er rührt die Berge an, so rauchen sie.« Wie ohnmächtig erscheint daneben der Mensch! Mag sein technisches Können und Vermögen sich in unserem Jahrhundert noch so hoch erhoben haben, im Grund ist und bleibt er doch das ohnmächtige, ständig gefährdete und bedrohte Geschöpf, das er immer war, angefangen von der Frühzeit der Pfahlbauten bis hin zu unseren astronautischen Weltflügen. Warum der Herr des Alls die Erde da überfluten und dort erbeben läßt, darauf haben wir keine einleuchtende Antwort. Wir können angesichts solcher kosmischen Katastrophen nur mit den Worten des Römerbriefs sprechen: »Wie gar unbegreiflich sind seine Gerichte und unerforschlich seine Wege!« Vor allem aber wollen wir als die bisher Behüteten und Bewahrten die Worte der Buße hinzufügen: Herr, wer sind wir, daß du uns so gnädig verschonst, laß uns darin deine unverdiente Güte erkennen und hilf uns, daß wir dir mit unserem Leben künftighin besser dienen und danken, als wir es bisher getan haben!

Zu einem solchen Danklied fordert der 104. Psalm ausdrücklich auf: »Ich will dem Herrn singen mein Leben lang und meinen Gott loben, solange ich bin.« Nach dem einhelligen Zeugnis der Schrift lobt die ganze sichtbare Schöpfung Gott auf vielfältige Weise. Auch wenn unser irdisches Ohr das Gotteslob der Kreatur, der Sonne und der Gestirne nicht zu vernehmen vermag, es ist gleichwohl vorhanden als ein einhelliger Jubel, der das All erfüllt. Ebenso wird der ewige Gott nach dem Zeugnis der Bibel Alten und Neuen Testaments gerühmt und verherrlicht durch den vielstimmigen Chor der Cherubim und Seraphim, der Engel und Erzengel, der vollendeten Gerechten in den unsichtbaren Bereichen der himmlischen Welt. Der Mensch aber steht dazwischen und ist gefragt: Willst du allein stumm bleiben, während die ganze Schöpfung ihren Schöpfer, Erlöser und Erhalter lobt, oder bist du bereit, deine Stimme mit dem Gotteslob des Universums zu vereinigen? Ach, daß wir doch aufwachen möchten aus Gleichgültigkeit und Undankbarkeit und es bei jedem Bissen Brot empfinden möchten, wieviel göttliche Weisheit und Erhaltungsgüte uns in dem allen begegnet. Gott verhüte, daß uns das Brot und die reichliche Nahrung erst wieder genommen werden müssen und wir im Verlust zu spät erkennen, wie gut es uns all die Jahre her gegangen ist!

Alles Wachstum hier auf Erden steht unter dem Zusammenhang von Saat und Ernte. Zwischen Saat und Ernte liegt ein beträchtlicher Zeitraum. Gott tut in seiner Schöpfung nichts hastig und ungeduldig. Gott läßt sich Zeit, bis aus der jungen Saat die reifen, goldgelben Ähren werden. Gott läßt sich Zeit, wie ein Kind im Mutterleib gebildet wird, wie ein Kind allmählich stehen, gehen und sprechen lernt. Gott läßt sich auch Zeit im Reich der Erlösung bei der Zubereitung seiner auserwählten Werkzeuge. Wie lange hat er an Propheten, Aposteln und Reformatoren, an Gestalten, wie Moses und Elias, Paulus, Augustin und Luther, gearbeitet, bis die Stunde gekommen war, da sie aus der Verborgenheit zu weltweiter Wirksamkeit hervortreten durften.

Gott läßt sich Zeit auch in unserem Leben, und darum sollst du die Geduld nicht verlieren, weder mit dir selbst noch bei deinen Kindern. Manchmal möchten wir verzweifeln, daß es in unserem Glaubensleben nicht ganz anders vorangeht.

Wieviel Stillstand oder gar Rückgang ist da oft zu sehen! Und doch dürfen wir dessen gewiß sein: Gott arbeitet an uns, er tut es heimlich verborgen, er tut es bedachtsam planend. *Wir* sehen vielleicht keinen Fortschritt vor Augen, und doch ist Gott am Werk und läßt die Frucht unseres Lebens ausreifen. Wichtig ist es, daß wir als Eltern, Lehrer und Erzieher geduldige Ackersleute bleiben, die zwischen Aussaat und Ernte wohl zu unterscheiden wissen. Wir sollten nicht aus Ehrgeiz und Unruhe frühreife Leistungen erwarten, die das Kind überfordern und an Leib und Seele ernstlich schädigen können. Gönnt den Kindern ein stilles, stetiges Wachstum. Seid nicht unglücklich und verzweifelt, wenn eine Mahnung, eine Weisung nicht sofort den erwünschten Erfolg zeitigt! Es muß uns genügen, ein gutes Saatkorn in das Herz des Kindes geworfen zu haben. Gott aber wird es aufgehen und Frucht bringen lassen zu seiner Zeit.
Zwischen Saat und Ernte liegt nicht nur ein beträchtlicher Zwischenraum, den es gelassen durchzuhalten gilt. Zwischen Saat und Ernte besteht zugleich ein wesenhafter Zusammenhang, den wir ernstlich bedenken sollten. Würde der Aussaat alsbald die Ernte folgen, so, wie bei einem Gewitter der Donnerschlag auf den Blitz folgt, wir würden in vielen Stücken erschrecken über die Folgen unseres Tuns und unseren Sinn von Grund auf ändern. Weil diese unmittelbare Aufeinanderfolge nicht stattfindet, darum täuschen wir uns leicht über die Folgen unseres Tuns. Da sagt ein Student: Die ersten Semester meines Studiums kann ich ruhig verbummeln, das hole ich alles in der zweiten Hälfte nach. Wenn aber dann eines Tages der Abschluß da ist und das Examen beginnt, dann stellt sich heraus: Weil nur kärglich gesät wurde, darum wird auch nur kärglich geerntet. Oder es gibt Eltern, die sich bitter darüber beklagen, daß die erwachsenen Kinder sich so wenig um sie kümmern, daß sie nicht schreiben, daß sie nicht mehr zu Besuch bei Vater und Mutter vorbeikommen. In den meisten Fällen ist da in der Kindheit das Band der Liebe zu wenig befestigt worden, und nun kann das Versäumte im Alter nicht mehr nachgeholt

werden. Ja, zuletzt steht unser ganzes Leben unter dem unentrinnbaren Zusammenhang von Saat und Ernte. Wer auf das Fleisch sät, sagt der Apostel Paulus, wird vom Fleisch das Verderben ernten; wer aber auf den Geist sät, wird von dem Geist das ewige Leben ernten. Wer nur an Geld und Genuß denkt, nur an die Erfüllung seiner ehrgeizigen Wünsche, der muß damit rechnen, daß Gott über ein solches Leben bei der letzten großen Ernte in der Ewigkeit die Worte spricht: Gewogen, gewogen und zu leicht befunden! Wir dürfen aber auch dessen gewiß sein: Alles, was wir in selbstloser Liebe eingesetzt und geopfert haben, hat seine Verheißung und seinen Lohn in Zeit und Ewigkeit.

Was heißt denn täglich Brot?

Unser täglich Brot gib uns heute! Matth. 6, 11

Die Evangelische Kirche hat seit einiger Zeit an vielen Orten mit schönem Erfolg den Versuch unternommen, so etwas wie einen Katechismusunterricht für Erwachsene einzurichten. Man ist dabei von der Erkenntnis ausgegangen: So gut und nützlich es ist, wenn bereits die Kinder im Religions- und Konfirmandenunterricht mit Luthers Katechismus vertraut werden, in Wahrheit sind die Auslegungen zu den Zehn Geboten, zu den drei Glaubensartikeln und dem Vaterunser so tiefgründig und gehaltvoll, daß man dem allen als erwachsener Mensch unbedingt noch einmal aufs neue begegnen sollte. In diesem Sinn wollen wir am Erntedankfest fragen: Was sagt uns Martin Luther in seinem Großen und Kleinen Katechismus zum rechten Verständnis der vierten Bitte im Vaterunser?
Der Reformator stellt zunächst fest: »Gott gibt täglich Brot auch wohl ohne unser Gebet allen bösen Menschen.« Diese Aussage greift unmittelbar zurück auf die Worte Jesu aus der Bergpredigt: »Der Vater im Himmel läßt seine Sonne

aufgehen über die Bösen und die Guten, er läßt regnen über Gerechte und Ungerechte.« Es gibt in unseren Tagen ungezählte Menschen, die nicht nach Gott fragen; sie danken ihm für nichts, sie sehen es als selbstverständlich an, daß immer alles reichlich vorhanden ist, was wir zum Leben brauchen. Gott aber nimmt es hin in seiner Langmut und Geduld, er läßt gleichwohl nicht davon ab, in seine Schöpfung immer neue Lebens- und Wachstumskräfte hineinzugeben, damit wir sammeln und ernten können.

Die vierte Bitte im Vaterunser aber möchte uns dazu verhelfen, daß wir von allem oberflächlichen und gleichgültigen Wesen loskommen. In diesem Sinn heißt es im Kleinen Katechismus Luthers: »Gott gibt täglich Brot auch wohl ohne unser Gebet allen bösen Menschen, aber wir *bitten* in diesem Gebet, daß er es uns erkennen lasse und wir mit Danksagung empfangen unser täglich Brot.« Ein Strom von Dankbarkeit sollte durch unser Herz gehen angesichts der Tatsache, daß der ewig reiche Gott uns wieder für ein Jahr den Tisch gedeckt hat, daß wir satt werden können.

Wie viele Schöpfungswunder sind am Werk gewesen, wenn wir ein Stück Brot in die Hand nehmen! Da wurde das Samenkorn in die Erde gesät. Dort hat es sich aufgelöst in seine letzten Bestandteile. Dann ist ein zarter, feiner, grüner Halm durch die Decke des Ackers hervorgebrochen. Gebleicht von Sonne, Wind und Regen ist er zu einer goldgelben Ähre emporgewachsen. Das Feld wurde geschnitten, die Körner wurden gemahlen, und nun konnte Speise daraus werden, die unseren Leib nährt.

Das alles ist wahrhaft des Staunens und des Dankens wert. Der Mensch im industrietechnischen Zeitalter ist sich seiner eigenen Kraft, seines eigenen Könnens so stolz bewußt, daß er kaum mehr dazu fähig ist, vor dem Wundergeschenk des täglichen Brotes in Ehrfurcht stillzuhalten. Martin Luther hat darum durchaus recht: Es gilt, Gott darum zu bitten: Laß es uns doch erkennen, gib einen Geist der Dankbarkeit in die Herzen, daß wir die Gaben deiner Güte nicht stumpfsinnig und gedankenlos hinnehmen!

Wir wollen um diesen Geist der Dankbarkeit nicht nur bitten für uns persönlich, sondern zugleich auch für unser ganzes Volk, das diesen Geist der Erneuerung dringend nötig hat. Wenn man hört, daß sich in den Abfallkörben der Schulhöfe täglich massenhaft weggeworfenes Brot findet, muß man fragen: Ist das nicht eine schmerzliche Verunehrung der edlen Gabe Gottes? Wenn die Menschen immer anspruchsvoller, immer verwöhnter werden, wenn ihnen im Blick auf Essen und Trinken bald nichts mehr fein und gut genug ist – haben wir uns damit nicht weit entfernt von dem Geist Christi im Vaterunser?

Nachdem Martin Luther in seiner Katechismusauslegung zur Erkenntnis in Dankbarkeit aufgerufen hat, fährt er fort und stellt die Frage: Was heißt denn täglich Brot? Wir bekommen darauf zur Antwort: »Alles, was zur Leibes Nahrung und Notdurft gehört, wie Essen und Trinken, Kleider und Schuh, Haus, Hof, Äcker und Vieh, Geld und alles Gut.« Wir wissen, der Reformator war ein überwältigender Prediger der Gnade Gottes, die sich in Jesus Christus allen Menschen zum Heil aufgetan hat. Luther konnte von dem Kind in der Krippe, von dem Dulder am Kreuz, von dem erhöhten Herrn, der als unser Fürsprecher bei Gott für uns eintritt, mit herzandringender Gewalt Zeugnis geben. Aber dieses Daheimsein im zweiten und dritten Glaubensartikel hat ihn nicht daran gehindert, auch dem ersten Glaubensartikel, der von Gottes Schöpfer- und Erhaltermacht spricht, sein volles Recht im christlichen Bekennen und Leben einzuräumen.

Wir Menschen sind nun einmal keine reinen Geistwesen. Wir bestehen nicht nur aus Seele, Empfindung und Gemüt. All diese wunderbaren Kräfte des Geistes und der Seele sind an unseren Leib gebunden und können ohne ihn gar nicht bestehen. Es gibt eine gewisse Frömmigkeitshaltung – sie findet sich auch unter Christen nicht selten –, die von einer solchen Abhängigkeit dem Leiblichen gegenüber nichts wissen will. Man empfindet es als einen Erdenrest, der zu tragen peinlich, daß wir Menschen essen müssen, daß wir jede Nacht viele Stunden Schlaf brauchen, daß wir ausreichende Kleidung und Erwärmung zu unserem Wohlbefinden nötig haben. Solche Menschen setzen sich häufig absichtlich über alle diesbezüglichen Gegebenheiten und Bedingtheiten hinweg. Sie wollen zeigen und erzwingen, daß man bei eiserner Willensenergie sehr wohl auch ohne viele Bedürfnisse existieren kann. Das aber, was bei einer solchen übergeistlichen Einstellung praktisch herauskommt, ist meist nur ein überanstrengter, gereizter und verkrampfter Mensch, der niemand wohltut. Es fehlt der gesunde Zustrom aus den Kraftquellen der göttlichen Schöpfung.

Von welcher erfrischenden, geheiligten Natürlichkeit ist demgegenüber Martin Luther, wenn er uns darauf hinweist: Das alles brauchst du, Essen und Trinken, Kleider und Schuhe, Wohnung und Verdienst. Um das alles darfst du Gott für dich und deine Kinder bitten, und für das alles sollst du Gott deinem Herrn von Herzen danken. Es ist sicher eine große Not, wenn der Mensch nichts von dem Frieden mit Gott weiß, wenn er keine Gewißheit der Vergebung seiner Sünden hat, wenn er Jesus nicht kennt und liebt; aber es ist auch eine ebenso große Not, wenn der Mensch nichts weiß von den starken Wurzeln der Kraft, die Gott in seine Schöpfung hineingelegt hat, in die heiligen Rhythmen von Tag und Nacht, von Sommer und Winter, von Saat und Ernte. Gewiß könnten wir uns manche Krankheit sparen, wenn wir ehrfürchtiger und gehorsamer auf diese Ordnungen des Lebens achten, statt sie im Unverstand oder aus Leichtsinn beharrlich zu übertreten.

Aber nun kann es sein, daß alles reichlich genug gewachsen ist, daß wir für uns persönlich von allem genug zu essen haben. Trotzdem schmeckt uns das Brot nicht, und die Nahrung schlägt uns nicht an, weil in unserem Leben und Zusammenleben zu viel störende Konflikte, zu viel wehtuende Dissonanzen am Werk sind. Darum sagt Luther im Kleinen Katechismus: Man soll Gott nicht nur bitten um die äußeren Güter des Lebens, sondern auch um »fromm' Gemahl,

fromme Kinder, gute Freunde, getreue Nachbarn, fromme und getreue Oberherren« und um Friede, Zucht und Ehre im Land.
Nimm es nicht als Selbstverständlichkeit hin, danke vielmehr Gott von Herzen, wenn du einen braven Mann hast, wenn du eine tüchtige Frau dein eigen nennst, die die Kinder in einem gehorsamen und gottesfürchtigen Geist zu erziehen vermag! Was ist es für ein Jammer, wenn es daran fehlt, wenn der Mann am Zahltag die halbe Lohntüte im Wirtshaus vertrinkt, wenn die Frau und Mutter aus innerer Schwäche heraus nicht zu sparen vermag, wenn sie nicht nein sagen kann zu den Unarten der Kinder, wenn die Kinder kein Vertrauen haben zu den Eltern, wenn sie allzufrüh aus dem Hause drängen, um nach eigener Willkür ihr Leben zu gestalten.
Was sind getreue Nachbarn in der Wohn- und Hausgemeinschaft für eine Gottesgabe, wenn man sich gegenseitig freundlich grüßt und in Notlagen bereitwillig aushilft! Wie kann einem das Leben vergällt werden, wenn man kalten Herzens aneinander vorbeigeht oder gar im Streit mit dem Nächsten liegt!
Martin Luther zählt auch gute Freunde zu den Gottesgaben, die wir so nötig haben wie das tägliche Brot. Um die Freundschaft ist es in unseren Tagen, wie wir alle wissen, nicht zum besten bestellt. Das hängt mit der unseligen Hetze und Betriebsamkeit zusammen, der wir alle mehr oder weniger unterworfen sind. Und doch ist es tief zu bedauern, wenn die Freundschaftspflege immer mehr erstirbt. Die Heilige Schrift denkt hoch von dem Gut der Freundschaft. So lesen wir in den Sprüchen Salomonis: »Ein treuer Freund liebt mehr und steht fester bei als ein Bruder.« Das Johannesevangelium berichtet von Jesus: Es gingen ihm die Augen über, als er am Grabe seines Freundes Lazarus stand. Die Juden aber, die das sahen, sprachen: Siehe, wie hat er ihn so liebgehabt! Es gibt Situationen im Leben, die man als Mann nur mit einem Mann und als Frau nur mit einer Frau besprechen kann und mag. Wohl uns, wenn wir dann den

einen oder anderen Menschen haben, dem wir unbedingt vertrauen können, von dem wir wissen: Er meint es von Herzen gut mit uns, und bei ihm bleibt wohl verwahrt, was wir vor ihm ausgebreitet haben.

Und doch, was hilft aller Friede im eigenen Haus und in der Nachbarschaft, wenn der Friede im Land bedroht ist durch innere Zerrissenheit oder durch Gefahr von außen. Wie ist dieser irdische Frieden auf Erden doch die Voraussetzung zu allem anderen. Wir haben es am eigenen Leib erlebt: Es gibt nichts Schrecklicheres als die Not des Krieges. Sobald er ausgebrochen ist, mangelt es an allem, an Milch und Brot, an Fleisch und Fett, an »Kleider und Schuh«, ja selbst an Obst und Gemüse. Die Schulen kommen in Unordnung. Die Väter fehlen den Kindern. Alles gesunde, normale Leben ist wie mit einem Schlag dahin. Wollen wir darum nicht aufhören, Gott zu danken für die Jahre des Friedens, deren wir uns erfreuen dürfen! Und wollen wir nicht ablassen, um die Erhaltung des edlen Friedens zu bitten, um gut Regiment, um fromme und getreue Oberherren, die unser Volk und Land, die die Völker so besonnen und verantwortungsbewußt regieren, daß wir vor dem Leid und Elend weiterer Kriege bewahrt bleiben dürfen!

Luther hat in seiner Auslegung, was denn alles täglich Brot heißt, auch die Bitte um »fromm Gesinde« mit aufgenommen. Der Ausdruck Gesinde mutet uns reichlich altmodisch an. Er stammt aus einer vergangenen patriarchalischen Zeit, da zu Haus und Hof, zu Äckern und Vieh selbstverständlich auch eine stattliche Anzahl von Knechten und Mägden gehörte. Heute hat nicht einmal der Bauer mehr ein Gesinde. Der Traktor, die Dampfmaschine und das elektrische Melken im Stall müssen ersetzen, was früher Knecht und Magd geleistet haben. Für uns Stadtleute gar ist eine Haustochter zur kostbaren Mangelware geworden, deren sich nur die wenigsten erfreuen dürfen. Wir müssen es wohl hinnehmen, daß das alles so geworden ist. Gleichwohl sollte es uns als christlicher Gemeinde ein Herzanliegen sein, daß uns eine Jugend geschenkt wird, die nicht nur danach fragt, wie man leicht und viel verdienen kann, sondern die sich auch zum Dienen geneigt und bereit zeigt. Denn was soll aus den kinderreichen Müttern, aus den abgearbeiteten Bäuerinnen, aus den Kranken und Hochbetagten werden, wenn nicht ein Geschlecht von jungen Menschen nachkommt, das die Lasten, die getragen werden müssen, auf sich zu nehmen bereit ist?

Wenn wir das alles bedenken, dann rückt uns das Erntedankfest entschieden auf den Leib. Es ist dann nicht nur ein willkommener, sonnenüberglänzter Herbsttag und nicht nur ein stimmungsvoller Gottesdienst, bei dem wir uns an dem lieblichen Bild der vor uns aufgebauten Früchte aus Garten, Feld und Acker freuen. Wir sind dann gefragt: Bist du ein Mensch, der danken kann, der treu ist in der Fürbitte für alles Leben in der Schöpfung und für alles Zusammenstehen der Menschen in den Ordnungen dieser Welt? Zugleich sind wir gefragt: Sind wir bereit, an unserem Teil dazu mitzuhelfen, daß Ehe und Familie heil bleiben, daß in jedem Stand und Beruf gewissenhaft gearbeitet wird? Sorgen wir mit dafür, daß die politischen Kämpfe, die ja nicht zu vermeiden sind, so geführt werden, daß das Volk als Ganzes nicht dadurch Schaden leidet?

Wenn wir uns in diesem Sinn vom Erntedankfest prüfen und fragen lassen, dann wird uns klar: Wir brauchen viel Vergebung bei Gott für unser mannigfaches Versagen, wir brauchen ein neues Wehen des Geistes, daß wir fröhlicher danken lernen, daß wir treuer werden im Üben der Fürbitte.

Martin Luther schließt seine Auslegung im Großen Katechismus mit einem besonderen Hinweis. Er sagt: »Fürnehmlich aber ist dies Gebet auch gestellt wider unsren höchsten Feind, den Teufel. Denn das ist all sein Sinn und Begehren, solches alles, was wir von Gott haben, zu nehmen und zu hindern.« Luther meint, wenn es nach dem Wunsch und Willen dieser dunklen Macht ginge, dann würde nichts wie Hader, Mord und Krieg, Gewitter und Hagel die Erde verderben. »Summa, es ist ihm leid, daß jemand einen Bissen Brot von Gott habe und mit Frieden esse, und wenn es in seiner Macht stünde und unsre Gebete nächst Gottes Hilfe nicht wehrten, würden wir gewiß keinen Halm auf dem Feld, keinen Heller im Kasten, ja nicht eine Stunde des Lebens behalten.«

Für unser modernes wissenschaftliches Denken ist das sicher eine sehr ungewohnte Betrachtung. Aber vielleicht ist es gut und heilsam, sich an solche hintergründige Zusammenhänge erinnern zu lassen. Die Welt ist heute voll von Teufeleien, so daß man nur schwer verstehen kann, wie Menschen es fertigbringen, den Urheber all dieser furchtbaren Zerstörungsmächte zu leugnen. Sind wir aber auf die abgründige Macht der Finsternis aufmerksam geworden, dann wird unser Danken und Bitten ganz von selbst eine neue Dringlichkeit bekommen. Wir merken: Es müssen starke Kräfte aus der Welt des Lichtes eingesetzt werden, wir kommen ohne die Siegesmacht Jesu Christi nicht durch. Wir brauchen den Geist des Gebets als Schutzmacht und Abwehr gegen den Feind und Zerstörer des Menschengeschlechts und aller guten Schöpfung.

REFORMATIONSFEST

Rechtfertigung heute

So halten wir nun dafür, daß der Mensch gerecht werde ohne des Gesetzes Werke, allein durch den Glauben. Röm. 3,28

Wer sich jemals mit der Geschichte des 16. Jahrhunderts beschäftigt hat, weiß, daß das Ereignis der Reformation die Menschen damals bis in die Tiefen ihres Wesens hinein aufgewühlt und erschüttert hat. Inzwischen sind 400 Jahre vergangen, und die Welt ist seitdem sehr anders geworden. Es kam das Zeitalter der Aufklärung mit der betonten Hochschätzung der Verstandeskritik. Es kam in seinem Gefolge der Siegeszug der modernen Naturwissenschaft. Industrie und Technik haben die Menschen in einen Prozeß hineingerissen, in dem der einzelne kaum mehr etwas gilt. So kann man heutzutage oftmals die Frage hören: Hat denn das Geschehen von damals uns Menschen in der Mitte des 20. Jahrhunderts überhaupt noch etwas zu sagen, oder haben wir dazu nur noch ein historisches Verhältnis in einer gewissen ehrfürchtig pietätvollen Erinnerung?

Die Reformation war eine Gewissensbewegung ohnegleichen. Es war damals vor 400 Jahren vieles faul in der Kirche Christi. Die Kirche war geldgierig geworden, um Rom, die Ewige Stadt, mit herrlichen Renaissancebauten schmücken zu können. Die Kirche war verweltlicht, am allermeisten in ihren geistlichen Würdenträgern oben an der Spitze der Hierarchie. Diese notvollen Zustände werden heute von der katholischen Kirchengeschichtsschreibung selbst unumwunden zugegeben und in keiner Weise beschönigt. Ungezählte fromme, redliche Seelen litten damals unter dieser Veräußerlichung der Kirche Christi.

Auch dem deutschen Augustinermönch Martin Luther ließ dieser Jammer keine Ruhe. Man kann nicht genug betonen: Luther war kein ehrgeiziger Mensch, der eine Rolle spielen, der um jeden Preis berühmt werden wollte. Er war auch in keiner Weise das, was man den Typus eines Revolutionärs nennt, der Freude hat am Zusammenschlagen und Zerstören. Es ging diesem Kämpfer für Gottes Ehre immer nur um das Eine: Er wollte das beschmutzte und verdorbene Haus der Kirche reinigen und wiederherstellen. Er wählte dazu einen ganz stillen, unauffälligen Weg. Es war damals üblich, umstrittene theologische und kirchliche Fragen mit Fachgenossen zu diskutieren. Als Grundlage für ein solches Gespräch hatte man Leitsätze aufzustellen. So kam es im Jahr 1517 am Vorabend von Allerheiligen zur Veröffentlichung der 95 Thesen. Daß diese im Urtext lateinisch abgefaßten Sätze nach der Übersetzung in die deutsche Muttersprache alsbald wie ein Lauffeuer durch die Lande eilen

würden, hat Luther bei der Abfassung sicherlich nicht geahnt und auch nicht beabsichtigt gehabt.
Dem Aufbruch in die Öffentlichkeit war eine innere Gewissensgeschichte im Leben des Reformators vorangegangen. Es bleibt für alle Zeiten bedeutsam, daß das Gewissenserlebnis eines aufrichtigen Menschen, in der Stille einer Klosterzelle ausgetragen, eine ganze Welt zu erschüttern und zu verwandeln vermochte. Wir meinen heutzutage doch, man könne auf das Weltgeschehen nur Einfluß gewinnen durch Geld und Macht, durch Panzerarmeen, Flugzeuggeschwader und einen großen Vorrat von Atombomben. Das Ereignis der Reformation lehrt uns, daß auch Wort und Geist, Gebet und Gewissen weltbewegende Mächte sein können.
Der junge Luther studierte eifrig die Bibel. Zunächst aber, solange ihm die Augen für die Herrlichkeit des Evangeliums noch gehalten waren, vermochte er in ihr nur zwei Sätze zu entdecken. Der erste Satz lautete: Gott fordert den Menschen ganz. Gott, der uns alles gibt, von dem wir alles haben, hat auch wiederum ein Recht auf unsere Zeit, auf unseren Leib, auf unser Geld, auf unseren Dienst. Wir aber, das war die zweite Erkenntnis, die Luther ergriff und quälte, bleiben Gott im Blick auf eine solche Rechenschaftsablage unendlich viel schuldig. Wir gehorchen seinem Gebot nur halb oder gar nicht. Und wenn wir gehorchen, dann tun wir es zumeist lustlos seufzend statt in freudiger Bereitschaft. In der unerbittlichen Verfolgung dieser gewissenswachen Einsichten geriet Luther in eine tiefe Seelennot.
Wir wollen ehrlich sein und offen zugeben: Dem Menschen von heute fällt es schwer, dieses Erleben nachzuempfinden oder gar nachzuvollziehen. Wir Menschen im industrietechnischen Zeitalter sind ganz auf das Vordergründige, Habhafte, Augenblickliche eingestellt. Wir können uns etwas vorstellen unter einer Fabrik, unter einer Kaserne, unter einem Bankhaus und einer Ausstellungshalle. Aber daß ein Mensch vor Gott in der Schuld steht und daß einen diese Last plagen kann bis zur Verzweiflung des Herzens in

schlaflosen Nächten, damit können wohl die wenigsten unserer Zeitgenossen etwas anfangen.
Und doch wäre es gut, wenn wir an dieser Stelle den Aufbruch der Reformation nachvollziehen lernten. Gewiß, wir können und sollen uns nicht künstlich in etwas hineinsteigern, wozu wir keinen Zugang haben. Aber auch der moderne Mensch in einer veränderten Weltgestalt sollte der Tatsache standhalten: Gott wird einen jeden von uns in der Stunde des Todes einmal fragen: Mensch, wie hast du gelebt? Hast du die Werke der Barmherzigkeit geübt, hast du dein Vertrauen auf Gott gesetzt oder hast du nur an dich selbst gedacht, an deine Klugheit, an dein Wohlleben und Vergnügen, an deinen eigenen Vorteil? Jedes Menschenleben wird von Gott einmal auf die Waage gelegt. Wie schrecklich, wenn es dann heißt: »Gewogen, gewogen und zu leicht befunden.« Vergessen wir darum nicht über dem Geldverdienen, über dem Vorwärtskommen und Erfolghaben die Frage nach der ewigen Verantwortung, von der her die Reformation ihren Aufbruch genommen hat!
Wie kam Martin Luther über die ihn bedrängende Seelennot hinweg? Es geschah dadurch, daß ihm über dem Studium der Heiligen Schrift die Gewißheit aufleuchtete: Mag uns noch so viel in unserem Leben von Gott trennen, Gott trennt sich gleichwohl nicht von uns. Zu dieser Vergewisserung hat Gott dem Menschengeschlecht ein gewaltiges und herrliches Unterpfand geschenkt. Dieses Unterpfand heißt Jesus Christus. In diesem Heilandsleben hat sich der ewige Gott für alle Zeiten solidarisch erklärt mit all unserer Not und Verlorenheit.
Die Reformation hat dieses unbegreifliche, unverdiente Ja Gottes zum Menschengeschlecht am liebsten in der Sprache des Apostels Paulus mit dem Wort von der Rechtfertigung bezeichnet. Im 16. Jahrhundert hätte jedes Kind sagen können, was damit gemeint war. Heute hat dieser aus der juristischen Vorstellungswelt genommene Ausdruck viel an Klarheit und Verständlichkeit verloren. Wir müssen ihn darum für unsere Zeit erst verdolmetschen, wir müssen ihn

in neuen Zungen zum Erklingen bringen. Das aber ist möglich und nötig.
Das Wort Rechtfertigung besagt: Wir dürfen uns in jeder Lage der Vergebung Gottes getrösten, wenn diese uns im Namen Jesu zugesprochen wird. Rechtfertigung bezeugt: Nichts kann uns scheiden von der Liebe Gottes, die Tür zum Vaterhaus Gottes steht uns offen. Wir dürfen kommen, wie wir sind, in all unserer Mangelhaftigkeit und Unerfreulichkeit, wir werden nicht zurückgestoßen, wir sind erwartet und willkommen an den Tischen im Reiche Gottes.
In den Gesetzesreligionen, zu denen wir das Judentum, den Islam, den Konfuzianismus und die Philosophie Kants rechnen, wird überall zuerst die fromme Leistung als Voraussetzung für die Zulassung bei Gott gefordert. Die Tüchtigen, die Würdigen, die sittlich Vollkommenen sind Gott angenehm und dürfen auf Zulassung bei ihm rechnen. Auch der Katholizismus im Spätherbst des Mittelalters hatte in steigendem Ausmaß die Formen einer solchen Leistungsreligion angenommen. Martin Luther aber war über dem Studium der Heiligen Schrift zu der Erkenntnis gelangt: Wir sind alle miteinander Bettler vor Gott, wir liegen alle im Hospital mit der gleichen Krankheit zum Tode. Unsere Gerechtigkeit bleibt eine brüchige Sache. Wir können uns mit ihr vor Gott nicht rühmen, wir können keine Ansprüche, keine Lohnforderungen deswegen geltend machen. Wir sind ganz und gar darauf angewiesen, daß Gott uns seine Gerechtigkeit aus Gnaden schenkt, daß er uns in das schützende Kleid Christi einhüllt.
Die Gegner haben es Luther seinerzeit bitter übelgenommen, daß er bei der Übersetzung des Römerbriefs im dritten Kapitel schrieb: »So halten wir nun dafür, daß der Mensch gerecht werde ohne des Gesetzes Werke, *allein* durch den Glauben.« Das Wörtlein »allein« steht in der Tat an dieser Stelle nicht im Urtext. Und doch darf man sagen: Dem Sinn nach steht es da, und Luther hat es in kongenialem Textverstehen mit Recht eingefügt. Jesus sagt in der Bergpredigt in der ersten Seligpreisung: Wohl den Menschen, die unter

ihrem Armsein an Geist und Leben vor Gott leiden, die nicht stolz sind, die mit leeren Händen zu Gott kommen im Wissen darum, daß er allein sie füllen kann. Genau das hat der Reformator sagen wollen, als er den Artikel von der Rechtfertigung allein aus Glauben wieder auf den Leuchter stellte und ihn zum Mittelpunkt aller christlichen Verkündigung machte.

Unsere Zeitungen, aber auch Radio und Fernsehen bringen Jahr um Jahr zum 31. Oktober erstaunlich positive Würdigungen. Sie sind nahezu alle auf den Ton gestimmt, Reformation sei ein kritisches Prinzip zur immer neuen Selbstreinigung jeder Kirche, ja jeder Religion und für keine zu entbehren, wobei mit besonderer Genugtuung darauf hingewiesen wird, wie sich dieses protestantische Prinzip der Selbstkritik neuerdings in steigendem Maß auch in der katholischen Kirche auszuwirken beginne. Das alles ist gewiß richtig und höchster Beachtung wert. Was aber die neuzeitlichen Gedächtnisartikel vermissen lassen, ist der klare Hinweis darauf, daß das eigentliche Geschenk der Reformation auch für den Menschen von heute das Wort von der Vergebung der Sünden ist und bleibt. Wir wollen uns an zwei Bereichen des modernen Lebens klarmachen, warum gerade dieses Zeugnis der wahre Schatz der Christenheit ist. Wir wollen dazu die Situation der Ehe und die Problematik des Geschäfts- und Wirtschaftslebens als Beispiele wählen.

Der moderne Mensch ist hochdifferenziert. Er ist es als Mann wie als Frau. Wir brauchen uns nichts darauf einzubilden, wir wollen vielmehr ermessen, wie bereits von daher gesteigerte Möglichkeiten des Gereiztseins, des gegenseitigen Sichverletzens und Wehtuns in großer Zahl gegeben sind. Dazu kommt in unseren Tagen das immer häufigere Auseinanderfallen von Wohnraum und Arbeitsraum. Wie ganz anders war das in der guten alten Zeit der Zünfte, wo beides noch in eins zusammenfiel. Wieviel Entfremdung, ja Unordnung und Versuchung ergibt sich allein schon aus diesen widernatürlichen Verhältnissen. Und was haben erst Krieg und Nachkriegszeit, Gefangenschaft, Flucht und gewaltsame Trennungen an Belastungen über Haus und Familie gebracht! Und doch brauchen diese Lebensordnungen nicht daran zu zerbrechen, wenn zwei Menschen nur einander vergeben können. Wo man vergeben kann, heilen alle Wunden wieder. Nur wo man nicht vergeben kann, da gibt es leicht Risse und Sprünge im Haus der Ehe bis hin zur Einsturzgefahr. Wo zwei Menschen sich wechselseitig die Vergebung schenken, die sie zuvor überreich von Gott her für sich persönlich empfangen haben, da kann selbst durch Krise und Erschütterung hindurch die Gemeinschaft schöner, reiner, tiefer und stärker denn zuvor werden. Das gilt nicht nur für das Zusammenleben von Mann und Frau. Warum sollten wir diese Wahrheit nicht auch auf das Zusammenleben zwischen Klassen, Rassen und Völkern anwenden können?

Martin Luther hat über die Grundgestalt der Welt illusionslos nüchtern gedacht. Der Reformator hat gewußt: Das Leben verstrickt jeden ausnahmslos früher oder später in ausweglose Konflikte, und je höher einer an vorgeschobener Stelle in der Öffentlichkeit steht, um so mehr wächst diese Gefährdung. Hat das schon für das Leben im 16. Jahrhundert Geltung gehabt, wieviel mehr trifft es erst auf die heutigen wirtschaftlichen und politischen Verhältnisse zu. Man kann dabei nicht rein bleiben. Man wird zwangsläufig in schuldhafte Verstrickungen verwickelt. Indem ich dem einen helfe, muß ich mich dem anderen versagen. Indem man an der einen Stelle einen Abgrund zustopft, reißt man ihn an einer anderen zwangsläufig auf. Was bleibt uns armen Menschen da anderes übrig, als daß wir unsere Zuflucht nehmen zu der göttlichen Barmherzigkeit, die größer ist als unser ratloses Herz! Ich möchte jedenfalls nicht Arzt, Jurist, Geschäftsmann, nicht Journalist oder Parlamentarier sein ohne dieses Wissen um die göttliche Vergebung, die man im Glauben ergreifen darf.

Gewiß, es lag Martin Luther leidenschaftlich am Herzen, daß sich der Mensch, der sich der Gnade Gottes getröstet, nun auch lebendig erweist in einem neuen Gehorsam, in einer tätigen Liebe, die dem Nächsten zugute kommt, die gestaltend und erneuernd in kranke Weltverhältnisse eingreift. Wer die Rechtfertigung aus Glauben als ein Schlummerkissen versteht, auf dem man sich behaglich ausruhen kann, hat sie gründlich mißverstanden. So ist zum Beispiel viel zuwenig bekannt, was Luther als Sozialethiker für seine Zeit geleistet hat. Er hat den Zinswucher bekämpft, er hat das Schulwesen von Grund aus neu geordnet und aufgebaut, er hat die Fürsten gemahnt und beschworen, die Untertanen nicht auszusaugen, sondern sie gerecht und hilfreich zu regieren. Und doch, das Erste und Letzte bleibt für Luther bei allem weltweiten Wirken und Gestalten die getroste Gewißheit, daß wir bei Gott in Gnaden stehen dürfen, weil er uns in Jesus Christus sein Herz zugewandt hat. Dahin kehrt der Reformator stets zurück, es ist für ihn der Ausgangspunkt und Schlußpunkt all seiner Glaubensfrömmigkeit geblieben.

Machen wir uns zuletzt noch klar, was diese persönliche Heilsaneignung gerade für die Menschen unserer Tage zu bedeuten hat. Die Gesamttendenz unserer Zeit geht ja deutlich erkennbar in der Richtung der Vermassung und damit der Entpersönlichung. Der einzelne bedeutet immer weniger. Alles wird eingeebnet und einander angeglichen. Wir alle aber leiden darunter, wenn man uns nicht mehr bei unserem Namen kennt und ruft, wenn man uns behandelt, als wären wir Nummern oder Ware, winzig kleine, belanglose Rädchen, die jederzeit ausgewechselt und weggeworfen werden können, wenn sie in dem großen maschinellen Arbeitsprozeß zu nichts mehr taugen.

Gerade angesichts dieser Not will uns das Evangelium, so wie es Luther verstanden und neu ausgelegt hat, zu Hilfe kommen. Er sagt zu jedem einzelnen von uns: Gott nimmt dich ernst, er ruft dich bei deinem Namen, bei Gott sind wir um Christi willen hoch geachtet. Diesen Adel, diese göttliche Würde kann uns niemand nehmen und rauben, wenn wir nur selbst an diesem hohen Gut festhalten und es nicht wegwerfen. Dann kann ich es gelassen hinnehmen, wenn die

Welt mich nur wenig beachtet, wenn sie kalten Herzens über mich hinwegschreitet. Ich darf gleichwohl sprechen: »Hab' ich das Haupt zum Freunde und bin geliebt bei Gott«, was können mir dann Menschen noch antun? Ihre Geringschätzung, ihre Lieblosigkeit trifft mich nicht, weiß ich doch um ein Herz, das mir ewig gut ist und auf mich wartet.

BUSSTAG

Lähmungserscheinungen im Leben der Christenheit

Dem Engel der Gemeinde zu Ephesus schreibe: Das sagt, der da hält die sieben Sterne in seiner Rechten, der da wandelt mitten unter den sieben goldenen Leuchtern: Ich weiß deine Werke und deine Arbeit und deine Geduld. Aber ich habe wider dich, daß du die erste Liebe verlässest. Gedenke, wovon du gefallen bist, und tue Buße und tue die ersten Werke. Wo aber nicht, werde ich über dich kommen und deinen Leuchter wegstoßen von seiner Stätte, wenn du nicht Buße tust.
Und dem Engel der Gemeinde zu Sardes schreibe: Das sagt, der die sieben Geister Gottes hat und die sieben Sterne: Ich weiß deine Werke: Du hast den Namen, daß du lebest, und bist tot. Werde wach und stärke das andre, das sterben will, denn ich habe deine Werke nicht als völlig erfunden vor meinem Gott. So gedenke nun, wie du empfangen und gehört hast, und halte es und tue Buße! Wenn du aber nicht wachen wirst, werde ich kommen wie ein Dieb, und du wirst nicht wissen, zu welcher Stunde ich über dich kommen werde.
Und dem Engel der Gemeinde zu Laodicea schreibe: Das sagt, der da Amen heißt, der treue und wahrhaftige Zeuge, der Anfang der Schöpfung Gottes: Ich weiß deine Werke, daß du weder kalt

noch warm bist; ach, daß du kalt oder warm wärest! Weil du aber lau bist und weder warm noch kalt, werde ich dich ausspeien aus meinem Munde. Du sprichst: Ich bin reich und habe gar satt und bedarf nichts! und weißt nicht, daß du bist elend und jämmerlich, arm, blind und bloß. Offb. 2,1–5; 3,1–3.14–17

Die Christenheit hat zu allen Zeiten die sieben Sendschreiben, mit denen das letzte Buch der Bibel beginnt, als einen Spiegel angesehen, in dem man sich betrachten soll zur Überprüfung des eigenen Lebens und des Lebens der Gemeinden. Wir werden in diesen Sendschreiben nicht geschont. Es wird uns ungeschminkt gesagt, wo der Schaden liegt. Es wird uns aber zugleich auch in Klarheit gezeigt, wo die Heilung für unsere Wunden zu finden ist.

Das erste, was uns bei der Lektüre der Eingangskapitel in der Johannesoffenbarung auffallen muß, ist die gerechte Art, wie Christus als der erhöhte und allgegenwärtige Herr unsere Wege und Werke sieht. Wo es in einem Christenleben oder im Leben einer Gemeinde etwas zu rühmen gibt, da wird das Wort der Anerkennung und des Lobes ausdrücklich ausgesprochen. So wird der Gemeinde von Ephesus das Zeugnis gegeben: »Ich weiß deine Werke und deine Arbeit und deine Geduld. Du hast um meines Namens willen Lasten getragen und bist nicht müde geworden.« Hier wird also nicht einfach alles, was wir tun, verneint und zusammengeschlagen. Hier wird vielmehr gerecht gewürdigt. Dies zu wissen ist überaus tröstlich für uns. Denn keinem von uns bleibt im Verlauf des Lebens die Anfechtung erspart, daß wir oft gerade mit unserem besten Wollen von unserer Umgebung nicht verstanden werden. Wir sind dann leicht niedergeschlagen und meinen, es sei alles umsonst und vergeblich gewesen, worum wir uns gemüht haben, es danke uns ja doch keiner unsere Hingabe und Aufopferung. Lassen wir uns von solchen schwermütigen Stimmungen nicht überfluten! Wir dürfen die Gewißheit festhalten: Mag uns die Welt die verdiente Anerkennung versagen, der Herr, der ins Verborgene sieht, weiß, wo wir es aufrichtig gemeint ha-

ben. Er hört das Beten und Flehen der Einsamen, der Geringgeachteten, der Unterdrückten und Verfolgten und nimmt es mit hinein in den Bau seines Reiches.
Aber freilich, dieses alles umfassende Wissen, über das Christus als der treue und wahrhaftige Zeuge verfügt, schließt auch das andere in sich: Er weiß mit der gleichen Klarheit um unsere Schuld, um unser Versagen, um unsere Schwachheit. Man kann mit Dichtern und Philosophen unter Umständen über lange Zeiten hin geistvollen Umgang halten, ohne dabei in den Grundfesten seiner Existenz erschüttert zu werden. Wer sich aber Jesus naht, der wird durchschaut von dem Feuerauge seiner Lichtmajestät, der weiß sich getroffen von dem scharfen Schwert, das er führt. So wird der Gemeinde von Ephesus der Vorwurf nicht erspart: »Ich habe wider dich, daß du die erste Liebe verlässest. Gedenke, wovon du gefallen bist, und tue Buße und tue die ersten Werke.«
Es gibt, wie wir alle wissen, nichts Schöneres auf Erden als die erste Liebe. Wir können dabei denken an die erste Liebe, wenn sich Mann und Frau im Verlöbnis zusammenfinden oder wenn wir mit der ersten Liebe einen frei gewählten Beruf ergreifen. Da sitzt ein junger Mann neben seiner Braut, die mit einer Näharbeit beschäftigt ist. Dabei fällt ihr der Fingerhut von der Hand. Wie ein Blitz bückt sich der junge Mann, hebt den Fingerhut auf und reicht ihn der Geliebten mit einem strahlenden Lächeln. Schon nach ein paar Jahren ist alles anders geworden. Wieder sitzt die Frau und Mutter vor einem Flick- und Nähkorb, der an Umfang inzwischen beträchtlich größer geworden ist. Es geschieht das gleiche wie damals. Der Ehemann aber schaut von seiner Zeitung kaum auf, er fragt höchstens murmelnd: »Ist etwas hinuntergefallen?« Aber er bückt sich nicht mehr, er hat die erste Liebe längst hinter sich gelassen. Er tut nicht mehr die ersten Werke.
Oder mit welcher Begeisterung sind wir wohl alle einmal an den von uns erwählten Beruf herangegangen. Es war uns nichts zuviel. Freiwillig haben wir Überstunden gemacht.

Wir waren glücklich, aus dem vollen wirken zu können. Und wie ist das alles anders geworden mit der Zeit! Der Beruf langweilt uns. Wir sind seiner ständigen Wiederholungen überdrüssig. Wir suchen mit einem Mindestmaß von Leistung durchzukommen und rechnen schon im stillen aus, wie lange es noch gehen wird, bis wir die unwillkommene Last ganz werden abstreifen dürfen.

Auch im Leben des Glaubens kann uns das Dahinschwinden der ersten Liebe widerfahren. Es gibt sicher nichts Köstlicheres auf Erden als einen jungen Menschen, der den Weg zu Christus gefunden hat und der nun in der Nachfolge mit dem Feuer und mit der Begeisterung der ersten Liebe eine missionarische oder diakonische Aufgabe in Angriff nimmt. Junge Menschen neigen zu der Anschauung: Nur der Anfang, nur der Durchbruch zu einem Leben im Glauben sei schwer, das Verzichtenmüssen auf gewisse Gelüste und Genüsse, die man sich bisher unbedenklich geleistet hat und die doch mit dem Geist Christi hinfort nicht mehr vereinbar sind. Wenn man aber über diese Hürde hinweg sei, dann sei es doch nicht mehr schwer, ein Christ zu sein und zu bleiben. Leider ist dem nicht so. Die Frische der Jugend kann wesentlich dazu mithelfen, den Lauf des Glaubens in Freudigkeit zu beginnen. Aber es ist eine große Sache, diesen Lauf bis an das Ende durchzuhalten. Da bringt jedes Lebensalter andersartige Anfechtungen und Versuchungen mit sich, von denen wir zuvor keine Ahnung hatten, und es ist nicht gesagt, daß wir immer als Sieger aus den vielen Schlachten des Lebens hervorgehen.

Und doch muß es nicht so sein, daß die erste Liebe in der Ehe, im Beruf, in der Reich-Gottes-Arbeit erstirbt. Die Liebe Gottes, die sich in Jesus Christus für uns alle aufgetan hat, ist ja jeden Morgen frisch und neu. Wir brauchen nur aus dieser niemals versiegenden Quelle täglich zu schöpfen im Glauben, im Gebet, im Gehorsam, und wir werden erfahren, daß Gott uns die Schönheit und die Güte der ersten Werke aufs neue gelingen läßt. Es ist bei Gott nie zu spät, abermals damit zu beginnen. Wir brauchen nur Leid zu

empfinden über das, wovon wir gefallen sind, und schon kann der lebendige Herr in uns mit seiner Geistbelebung aufs neue beginnen.
Wieder mit einem anderen Bild wird uns die Not unseres Lebens gezeigt, wenn an die Gemeinde von Laodicea das Wort gerichtet wird: »Ich weiß deine Werke, daß du weder kalt noch warm bist; ach, daß du kalt oder warm wärest!« Trifft dieser Ausspruch nicht genau die Situation, in der sich die Christenheit unserer Tage befindet? Man wird nicht sagen können, daß wir kalt sind. Wir bezahlen unsere Kirchensteuern. Wir besuchen dann und wann den Gottesdienst der Gemeinde. Wir schicken unsere Kinder in den Religions- und Konfirmandenunterricht. Wir spenden eine Gabe, wenn zu der Sammlung »Brot für die Welt« aufgerufen wird. Wir können uns beherrschen und fluchen nicht gleich bei jedem ärgerlichen Anlaß. Und doch, warm sein, heiß sein ist etwas völlig anderes. Das würde bedeuten: einen klaren Trennungsstrich ziehen gegenüber dem Geist unserer Zeit. Es würde heißen: zu wirklichen Opfern an Zeit, Geld und Kraft bereit sein, damit es vorwärtsgeht mit dem Siegeszug des Evangeliums an allen Orten der Welt. Wir sind von unseren menschlichen Erwägungen her geneigt zu sagen: immer noch besser ein halber Christ als gar keiner. Immer noch besser, zweimal im Jahr in die Kirche gegangen, am Karfreitag und an Silvester, als überhaupt nicht mehr. Christus der Herr denkt anders darüber. Er will keine halben Leute als Jünger in seinen Reihen. Bei ihm gilt: entweder ganz oder gar nicht. So überraschend es für uns klingen mag, selbst Feinde und Gegner des Evangeliums sind Christus willkommener als die Zweigeteilten, die auf beiden Seiten hinken. Denn aus leidenschaftlichen Feinden und Verfolgern sind schon oftmals hingebungsvolle Nachfolger Christi geworden. Wir brauchen dazu nur an das große Beispiel des Saulus von Tarsus zu denken. Wo sich aber mattes, müdes und langweiliges Christsein ausbreitet, da wendet sich Jesus traurig von uns ab. Er tritt vor uns hin und spricht: »Ich bin auf Erden gekommen, daß ich ein Feuer anzünde.

Und was habt ihr daraus gemacht? Einen armseligen Lichtstumpf, der nur kümmerlich brennt und leuchtet.«
Und zum drittenmal wird uns der Spiegel zur Selbstprüfung vorgehalten, wenn der Gemeinde zu Sardes von dem erhöhten Herrn der Vorwurf gemacht wird: »Ich weiß deine Werke: Du hast den Namen, daß du lebst, und bist tot.« Das gibt es also, daß ein Mensch in dem Ruf steht, er sei ein mutiger Bekenner und Vorkämpfer der Sache Jesu Christi in der Welt. Man nennt seinen Namen in den gläubigen Kreisen mit Hochachtung. In Wahrheit aber ist nichts oder nicht viel dahinter. Das meiste ist nur fromme Fassade. Es wird damit Geld verdient und Ruhm gehamstert. Christus aber durchschaut den Schwindel und urteilt über ein solches Leben: »Ich habe deine Werke nicht als völlig erfunden vor meinem Gott.«
Auch die christlichen Kirchen und Konfessionen müssen sich unter den vollen Gerichtsernst dieser Worte stellen. Die christliche Kirche der Gegenwart hat den Namen, daß sie lebt. Ihre Stimme erschallt in Presse und Rundfunk. Es sind in den letzten fünfundzwanzig Jahren ungezählte kirchliche Bauten errichtet worden. Die Evangelischen Akademien bieten geistvolle Themen auf ihren Wochenendtagungen an. Die großen Kirchentage sind glänzend organisiert. Das alles ist recht und gut, und wir wollen es in seiner Bedeutsamkeit gewiß nicht unterschätzen. Trotzdem gilt es der Frage standzuhalten: Was von dem allem ist wirklich Leben aus Gott, und was ist nur Betriebsamkeit, Vielgeschäftigkeit und äußerer statistischer Erfolg? Wir wollen es nicht verschweigen: Bei aller großartigen Entfaltung nach außen ist die Christenheit unserer Tage im Grund arm an Geistesgaben. Sie ist arm an Ehrfurcht gegenüber dem göttlichen Wort und arm an Bereitschaft, die furchtbaren Nöte der Welt in einer echten Solidarität mitzutragen.
Wir fassen zusammen: Verlust der ersten Liebe, laue Mittelmäßigkeit, viel Schein bei innerer Dürftigkeit im Glaubensleben, das sind drei wesentliche Lähmungen, die es zu sehen gilt und über die wir Leid tragen wollen. Wie können

wir über diese Schwächen und Gebrechen hinwegkommen? Das erste, das uns not tut, ist der Geist der Aufrichtigkeit. Wir wollen uns nicht für hellglänzende Lichter im Thronsaal Gottes halten, während wir doch nur einen trübseligen Schein von uns geben. Wir wollen dem göttlichen Wort standhalten und nicht ausweichen, wenn uns unsere Fehler und Mängel mit schonungsloser Offenheit gezeigt werden. Was einst der Gemeinde von Laodicea zugerufen wurde, wollen wir ganz persönlich an die eigene Adresse gerichtet sein lassen: »Du sprichst, ich bin reich und habe gar satt und bedarf nichts! und weißt nicht, daß du bist elend und jämmerlich, arm, blind und bloß.« Gewiß, es tut weh, sich selbst so illusionslos sehen zu müssen. Aber es bedeutet zugleich eine große innere Befreiung. Ich brauche mir nichts mehr vorzumachen. Ich muß nicht mehr in eingebildeten Wahnvorstellungen über mich selbst leben, ich brauche mich nicht mehr selbst zu verteidigen, ich darf zu Jesus Christus kommen, so wie ich bin, mit allem Fragwürdigen und Unerfreulichen, das meinem Wesen anhaftet, und ich darf gewiß sein: Er weist mich nicht ab, er stößt mich nicht zurück, er nimmt mich auf in all meiner Gebrechlichkeit und Unzulänglichkeit. Martin Luther hat besonders das Bild geliebt: Wir dürfen im Glauben mit Christus einen seligen Tausch und Wechsel aller Güter und Gaben vollziehen. Der Vergleich will besagen: Christus nimmt uns das befleckte Kleid ab, in dem wir vor ihm erscheinen, und er schenkt uns das weiße Kleid seiner Gerechtigkeit, in dem wir schön geschmückt vor Gott stehen dürfen.
Geist der Aufrichtigkeit, das ist das erste, was wir uns von Gott erbitten wollen. Dazu muß ein zweites kommen. Wir müssen es wieder lernen, uns vor dem Ernst der Gerichte Gottes zu fürchten. Wir reden im allgemeinen zu harmlos, zu sentimental und gemütlich von der Wirklichkeit Gottes. Auf die Heilige Schrift können wir uns bei einer solchen Verniedlichung gewiß nicht berufen. Das biblische Wort sagt uns im Alten wie im Neuen Testament mit großer Klarheit: Gott ist heilige Majestät, er läßt seiner nicht spotten,

er ist verzehrendes Feuer, und es kann schrecklich sein, in die Hände des lebendigen Gottes zu fallen. Auch die sieben Sendschreiben der Johannesoffenbarung sind von der gleichen Schau erfüllt. An die Gemeinde von Ephesus ergeht die Mahnung: »Gedenke, wovon du gefallen bist, und tue Buße und tue die ersten Werke; wo aber nicht, werde ich über dich kommen und deinen Leuchter wegstoßen von seiner Stätte.« Die Gemeinde von Sardes muß sich sagen lassen: »So gedenke nun, wie du empfangen und gehört hast, und halte es und tue Buße. Wenn du aber nicht wachen wirst, werde ich kommen wie ein Dieb, und du wirst nicht wissen, zu welcher Stunde ich über dich kommen werde.« Und noch dringender erklingt der Warnruf, der an Laodicea ergeht: »Ach, daß du kalt oder warm wärest; weil du aber lau bist und weder warm noch kalt, werde ich dich ausspeien aus meinem Munde.«

Wir können nur feststellen: Diese schweren Gerichtsandrohungen sind an den Städten im kleinasiatischen Raum zu ihrer Zeit voll in Erfüllung gegangen. Da, wo einst blühende christliche Gemeinden waren, herrscht seit weit über einem Jahrtausend der Islam.

Auch unsere evangelische Kirche verfügt über keinen Garantieschein, daß Gott sie über alle künftigen Zeiten hin am Leben erhalten wird. Gott hat unserer Kirche viel anvertraut. Er hat ihr durch das Werk der Reformation eine klare, helle Erkenntnis geschenkt, daß wir in all unserer Unwürdigkeit, Sünde und Schuld dennoch als geliebte Kinder vor Gott leben dürfen. Wir aber sind heute auf dem besten Weg, dieses anvertraute Gut zu verlieren. Ein völlig unbegründetes Übermaß an Bibelkritik will uns die Freude an der Vertrauenswürdigkeit der Evangelien rauben. Der Geist der Oberflächlichkeit dringt immer hemmungsloser von der Welt her in unsere Häuser und Gemeinden ein.

Es hat keinen Sinn, am Buß- und Bettag Predigten zum Fenster hinaus zu halten und etwa die zu strafen, die es fertigbringen, für das Faschingskostüm einer verjubelten Nacht 1800 Mark auszugeben, wie in der Zeitung zu lesen war, während in Indien Kinder Hungers sterben. Die, denen man solches vorhalten müßte, sind doch nicht in den Gottesdiensten. Wohl aber sind wir aufgerufen, sofern wir mit Ernst Christen sein möchten, uns stellvertretend für diese anderen und für unser ganzes Volk unter das Gericht der göttlichen Worte zu beugen. So hat einst der Prophet Daniel für sein Volk Gebet und Fürbitte vorgebracht. Wir wollen uns seinen Worten anschließen und mit ihm bekennen: »Ach, lieber Herr, du großer und schrecklicher Gott, der du Bund und Gnade hältst denen, die dich lieben und deine Gebote halten, wir haben gesündigt, unrecht getan, sind gottlos gewesen und abtrünnig geworden, wir sind von deinen Geboten und Rechten gewichen. Du, Herr, bist gerecht, wir aber müssen uns schämen. Wir liegen vor dir mit unserem Gebet, nicht auf unsere Gerechtigkeit, sondern auf deine große Barmherzigkeit.«

EWIGKEITSSONNTAG

Das Wort vom Wiedersehen

Ihr habt nun Traurigkeit; aber ich will euch wiedersehen, und euer Herz soll sich freuen, und eure Freude soll niemand von euch nehmen. Joh. 16,22

Von Detlev von Liliencron gibt es ein Gedicht, das die Überschrift trägt: Auf dem Kirchhof. Zwei Zeilen davon lauten: »Der Tag ging sturmbewegt und regenschwer, auf allen Gräbern fror das Wort *gewesen.*«
Wenn wir am Ewigkeitssonntag an unsere Toten denken, dann mag das die erste, tiefschmerzliche Empfindung sein, wie unwiederbringlich alles dahin ist, was sie uns einmal ge-

wesen sind. Wie armselig sind die Erinnerungszeichen, die wir von ihnen haben, verglichen mit der lebendigen Gegenwart, als sie noch unter uns weilten und wir ihre Nähe leibhaftig spüren durften! Gewiß, solange wir in Liebe an sie denken und ihre Gräber schmücken und pflegen, bleibt ihr Name lebendig in der Erinnerung unserer Herzen. Einmal aber werden auch wir nicht mehr sein, und dann wird von ihrem Ruheort gelten, wie es in dem Gedicht von Liliencron heißt: »Verwittert Stein und Kreuz, die Kränze alt, die Namen überwachsen, kaum zu lesen.«
Die Bibel, die so wahrhaftig ist wie kein anderes Buch auf Erden, weiß um diesen Schmerz der Vergänglichkeit. So heißt es in einem Gebet Davids: »Wir sind Fremdlinge und Gäste vor dir wie unsere Väter alle.« Im Buch Hiob lesen wir die Klage: »Der Mensch, vom Weibe geboren, lebt kurze Zeit und ist voll Unruhe. Er geht auf wie eine Blume und fällt wieder ab. Der Mensch hat seine bestimmte Zeit. Die Zahl seiner Monde steht bei dir, Herr, du hast ihm ein Ziel gesetzt, das wird er nicht überschreiten.« Auch das Neue Testament kennt den Kummer über die Hinfälligkeit unseres irdischen Daseins. Der Jakobusbrief ruft aus: »Was ist euer Leben? Ein Dampf ist's, der eine kleine Zeit währt, danach aber verschwindet er.«
Die jungen Menschen werden von der Traurigkeit darüber im allgemeinen noch nicht beschwert. Sie sind so erfüllt von der Erreichung nächstliegender Ziele in Sport und Politik, in Liebesglück und Berufserfolg, daß sie an nichts anderes denken mögen. Aber wer einmal die Lebensmitte erreicht oder überschritten hat, wer anfängt, über sein Leben nachzudenken, wie man von der Warte eines hohen Turmes auf die unter uns liegende Landschaft hinblickt, der erschauert und spricht mit dem Psalmisten: »Wie gar nichts sind doch die Menschen, die so sicher leben. Sie gehen dahin wie ein Schemen und machen sich viel vergebliche Unruhe, sie sammeln und wissen nicht, wer es einnehmen wird.«
Der Aufbruch zu Gott hin kann in unserem Leben aus vielerlei Beweggründen erfolgen. Es kann sein, daß uns ein

großes Glückserlebnis überwältigt und mit tiefem Dank erfüllt gegen den, der uns so überreich und unverdient beschenkt hat. Es kann sein, daß eine schwere Schuld mich plagt und ich nicht eher zur Ruhe komme, als bis ich dafür Vergebung und Frieden in Gott gefunden habe. Auch das leidvolle Erlebnis der Gräber, der Schmerz über die Vergänglichkeit alles irdischen Lebens, kann dahin führen, daß wir anfangen, aus der Tiefe zu rufen und nach dem zu fragen, was ewig bleibt.

Jesus versteht unsere Traurigkeit. Aus dem Ursprung Gottes stammend, hat er die Herrlichkeit beim Vater darangegeben und ist über diese unsere Erde gegangen, um alle Last, die uns plagt, mit uns zu teilen. Die Evangelien berichten, Jesus sei im Geist ergrimmt, wenn er sah, wie sich die Krankheits-, Verderbens- und Todesmächte an dem Menschengeschlecht austobten und keiner imstande war, diesem Jammer zu wehren. Christus aber wußte sich gesandt, den Kampf mit diesen Feindgewalten aufzunehmen, um uns aus dem Elend in die Freiheit zu führen. Das ganze Leben Jesu war eine heilige, dramatische Auseinandersetzung mit den Finsterniskräften, die unser Lebensglück zerstören. Die letzte Zusammenballung all des schweren Ringens hat auf Golgotha stattgefunden. Das Lied der Kirche sagt von diesem ungeheuren Geschehen: »Ach, du hast zu meinem Segen lassen dich mit Fluch belegen; daß ich möchte trostreich prangen, bist du sonder Trost gehangen.«

Der aber, der dem Willen des Vaters gehorsam ward bis zum Tode am Kreuz, den hat der ewige Gott im Ereignis der Auferstehung und Erhöhung bestätigt als den Anfänger und Vollender einer neuen Welt. Die urchristliche Botschaft ist unerschöpflich in der Fülle der Bilder und gleichnishaften Aussagen, die alle darauf hinweisen, daß mit dem Ostersieg Jesu Christi für die Menschheit ein neues Gnadenjahr, eine neue Heilszeit, angebrochen ist. Christus heißt im letzten Buch der Bibel der helle Morgenstern, der am Nachthimmel dieser Welt aufgegangen ist und uns den Sieg des kommenden Gottestages anzeigt. Er ist das A und das O, der erste

und der letzte Buchstabe im Weltenalphabet Gottes, er ist der Brunnen des Lebens, dessen erfrischendes Wasser allen Durst der Seele zu stillen vermag.
Wenn ein Mensch stirbt, dann ist es aus und vorbei mit Ehre, Titel, Ruhm und Geld, woran wir unser Herz wer weiß wie gehängt haben. Das alles verläßt uns dann völlig. Es schließen sich die reichen Tore der Sinne. Der Mensch kommt sich wie ausgezogen vor. Zugleich wird dann offenbar werden, worauf das innerste Dichten und Trachten des Herzens gerichtet war, ob auf Gott oder auf den Götzen Mammon, ob auf den Frieden oder den Streit, auf das Reich des Lichts oder auf die Welt der Finsternis.
Es gibt viele unter uns, die der Anschauung huldigen, man brauche nur die Augen zum letzten Schlaf zu schließen und damit sei alles von selbst sehr gut geworden. Man rühmt den Tod mit starken Worten als einen Befreier, der uns den Aufstieg zu höheren Seinsformen ermöglicht. Aber es gibt zu viele Beispiele aus dem biblischen Wort und aus der Erfahrung des Lebens, die uns davor warnen sollten, uns einer so naiven Zuversicht hinzugeben. Es kann nach dem Zeugnis der Schrift auch schrecklich sein, in die Hände des lebendigen Gottes zu fallen. Nicht immer steht ein Engel bereit, der uns beim letzten Aufbruch abholt, um uns, wie das fromme nachexilische Judentum sagte, in Abrahams Schoß, ins Paradies, in den Garten der Gerechten zu tragen. Angelus Silesius, der Cherubinische Wandersmann, dürfte da der Wahrheit näher gekommen sein, als er sagte: »Mensch, was du liebst, in das wirst du verwandelt werden.«
Wenn wir so unser Leben überblicken und uns all das vergegenwärtigen, was in unserm Leben unerfreulich, unschön, ja häßlich und gemein war, dann kann uns eigentlich nur ein tiefes Bangen überfallen im Hinblick darauf, was aus uns werden soll, wenn die Stunde einmal da ist, da alle Hüllen von uns abfallen und wir Gott so begegnen müssen, wie wir eigentlich sind. Da mag eine Traurigkeit und Verzagtheit aufbrechen, die noch tiefer geht als der Schmerz über die Vergänglichkeit aller irdischen Dinge. Es ist das Erschrek-

ken des Gewissens über verkehrt gelebte Jahre, über versäumte Liebe, über so viel mißbrauchte, nicht recht genützte Zeit.
Aber nun dürfen wir uns für diese Not unserer Lebensschuld an das Christuswort klammern: »Ihr habt nun Traurigkeit, aber ich will euch wiedersehen, und euer Herz soll sich freuen, und eure Freude soll niemand von euch nehmen.« Ach, es gäbe schon einen, der diese Freude von uns nehmen könnte, das ist der Feind und Widersacher Gottes, der uns im Leben zu betören wußte. Er möchte uns auch noch am Ende unseres Lebens von Gott losreißen und für sich beanspruchen. Es mag einem zu denken geben, daß selbst christliche Führergestalten, zu denen wir mit Ehrfurcht aufblicken, gar nicht so selten ein auffallend schweres Sterben gehabt haben. So wird uns von Hermann Bezzel oder von dem Hallenser Theologieprofessor Martin Kähler berichtet, sie hätten in der letzten Stunde noch einmal durch ein tiefes Tal der Anfechtung hindurch gemußt. Gerade weil diese Männer wachen Gewissens waren und Gottes Gebot ernst nahmen, spürten sie im Todeskampf die grausame Hand des Verklägers, der nach jedem Sterbenden greifen möchte. Das einzige, was uns dann trösten und retten kann, ist der Blick auf Jesus Christus, ist die Zuflucht zu dem Weltversöhner, der für uns eintreten will.
Um aber in der letzten Stunde zu wissen, wohin man sich wenden soll, um Zuflucht zu haben unter den ewigen Armen, muß man zur rechten Zeit beginnen, die Heimat bei Gott zu finden. Es gibt keine verhängnisvollere Täuschung, mag sie noch so weit verbreitet sein, als den Grundsatz: Es ist auch noch im hohen Alter Zeit genug, die Verbundenheit mit Christus herzustellen. Als wenn wir wüßten, ob wir dieses hohe Alter wirklich erreichen werden. Und selbst wenn es der Fall wäre, dann haben wir keine Garantie, ob wir dann noch die geistige und seelische Frische besitzen werden, die nötig ist, um unsere ewige Berufung festzumachen. Nein, von der Gegenwart gilt: Jetzt ist die angenehme Zeit des Heils! Heute wollen wir unser Herz weit auftun für das gött-

liche Liebesangebot. Wenn wir jetzt im Glauben auf Jesus schauen, dann wird er uns auch nicht im Stich lassen, wenn wir ihn brauchen beim Ausgang aus dieser Welt. Wer sich jetzt zu ihm bekennt vor den Menschen, zu dem wird sich der wiederkommende Herr auch bekennen vor seinem himmlischen Vater.

Jesus sagt: Unser Herz soll sich freuen, wenn wir ihm hier in der Zeit und dort in der Ewigkeit begegnen dürfen. Viele Menschen kommen von dem Wahn nicht los, Freude und Glück könne es nur außerhalb der christlichen Glaubenswelt geben in tollen, ausgelassenen Vergnügungen, bei üppigen Gelagen, über den Wonnen eines bindungslos genossenen Eros oder im Erreichen von ehrgeizig erstrebten Erfolgen. Weil die Menschen meinen, in der Gemeinschaft mit Christus die Fülle der Freude nicht finden zu können, darum weichen sie seiner Einladung aus und suchen sich eine Ersatzreligion oder irgendeine moderne Weltanschauung, wo sie mit ihrem Hunger nach Freude besser auf ihre Rechnung zu kommen hoffen.

Und doch ist so vieles, was die Menschen Freude nennen, nur ein schaler Genuß, der noch in zahllosen Fällen einen bitteren, krankmachenden Nachgeschmack hinterläßt. Wie groß und rein aber kann die Freude sein, wenn Christus ein Menschenleben, eine Ehe, eine Familie, eine Berufsgemeinschaft neu ordnet und heil macht, wenn das unaufrichtige, unbeherrschte und haltlose Wesen schwindet und Friede und Harmonie im Zusammenleben einziehen! Wir aber sollten als Christen darauf bedacht sein, die christliche Existenz nicht so verkümmert, seufzend und säuerlich darzustellen, daß die uns beobachtende und prüfende Umwelt nichts von der Freude wahrzunehmen vermag, die Christus allen denen verheißen hat, die sich ihm zu eigen geben.

Wenn uns der Ewigkeitssonntag in besonderer Weise aufruft zum Gedächtnis der Entschlafenen, dann drängt sich uns dabei ganz von selbst die Frage auf: Wird es in der Weltvollendung ein Wiedersehen geben mit denen, die von uns gegangen sind und die wir so sehr vermissen? Es ist bedeut-

sam und aller Beachtung wert: Das Wort vom Wiedersehen kommt im ganzen Neuen Testament ein einziges Mal vor, und zwar wird es gesagt im Blick auf die Begegnung und Gemeinschaft mit Christus. Also daraufhin soll unser Ewigkeitsverlangen zuerst und zuletzt ausgerichtet sein, daß wir Gott in Christus sehen dürfen, wie er ist. Gott darf uns nicht nur ein Mittel zum Zweck sein für Wunscherfüllungen anderer Art, und wären diese noch so gut gemeint und berechtigt. Nein, es muß uns die Gewißheit erfüllen, wie es in dem Lied von der güldenen Sonne heißt: »*Gott* ist der Größte, das Schönste und Beste, Gott ist das Süßte und Allergewißte, von allen Schätzen der edelste Hort.«
Wenn uns aber die Christusgemeinschaft als Zielvollendung zuteil wird, dann dürfen wir dessen gewiß sein, daß wir in ihm und durch ihn auch denen ganz real werden begegnen dürfen, um die unser Herz jetzt trauert, sei es Vater oder Mutter, Mann oder Frau, Sohn oder Tochter, Bruder oder Schwester, Freund oder Freundin, die Braut oder der Verlobte. Das Wie dieses Sichwiederfindens können wir uns freilich in keiner Weise vorstellen, und wir wollen auch gar nicht versuchen, es uns auszumalen. Wir würden, in das Gefängnis dieser Endlichkeit eingesperrt, dabei mit unseren Gedanken doch nur straucheln und scheitern. Von allen Letzten Dingen – und dazu gehört wahrhaftig auch die Hoffnung auf das Wiedersehen – gilt ja in besonderer Weise das Schriftwort: »Was kein Auge gesehen und kein Ohr gehört und in keines Menschen Sinn gekommen ist, das hat Gott bereitet denen, die ihn lieben.«
So wollen wir der Traurigkeit den Abschied geben, die uns bei dem Gang über die Friedhöfe überfällt, und statt dessen dem Liederdichter Johann Heermann Gehör schenken, der in der Zeit des Massensterbens während des Dreißigjährigen Krieges das Osterlied gesungen hat:

Mein Herz darf sich entsetzen nicht.
Gott und die Engel lieben mich.
Die Freude, die mir ist bereit't,
vertreibet Furcht und Traurigkeit.

Wir dürfen hoffen

Und ich sah einen neuen Himmel und eine neue Erde; denn der erste Himmel und die erste Erde vergingen, und das Meer ist nicht mehr. Und ich sah die heilige Stadt, das neue Jerusalem, von Gott aus dem Himmel herabfahren, bereitet wie eine geschmückte Braut ihrem Mann. Und ich hörte eine große Stimme von dem Thron, die sprach: Siehe da, die Hütte Gottes bei den Menschen! Und er wird bei ihnen wohnen, und sie werden sein Volk sein, und er selbst, Gott, wird mit ihnen sein; und Gott wird abwischen alle Tränen von ihren Augen, und der Tod wird nicht mehr sein, noch Leid noch Geschrei noch Schmerz wird mehr sein; denn das Erste ist vergangen. Und der auf dem Thron saß, sprach: Siehe, ich mache alles neu! Offb. 21, 1–5

Ein altes Wortspiel lautet: Es lebt der Mensch, solang er hofft, und es hofft der Mensch, solang er lebt. Diese Aussage macht deutlich, daß das Hoffen ein unaufgebbarer Bestandteil unseres menschlichen Seins ist. Wir Menschen können gar nicht anders, als uns immer wieder an eine Hoffnung zu klammern.

Freilich, die Inhalte, auf die unser Hoffen gerichtet ist, sind, wie wir alle wissen, von erstaunlicher Vielfalt und Unterschiedlichkeit. Es gibt ungezählte Menschen, die ihre Hoffnungsziele nur auf nächstliegende Dinge richten. Man hofft auf Lohnerhöhung und Gehaltsverbesserung. Wir hoffen, daß die Kinder in der Schule gut vorankommen, daß eine Krankheit, die uns gepackt hat, bald wieder abklingen möge. Wir hoffen, daß die politische Partei, mit der wir sympathisieren, bei der nächsten Wahl einen beträchtlichen Stimmenzuwachs erhalten wird.

So hoffen wir unablässig weiter, bis uns eines Tages die Frage überfällt: War das wirklich alles, hat sich deswegen das Leben überhaupt gelohnt? War das Maß der Enttäuschungen und der Schmerzen im Grund nicht ungleich größer als das erlangte Hoffnungsglück, von dem wir geträumt haben? Die Seelenärzte und Seelsorger der Gegenwart wis-

sen jedenfalls davon zu berichten, daß die Zahl der Menschen in unseren Tagen immer größer wird, die im Alter von Schwermut, Melancholie und Depression überfallen werden, weil das Leben nicht gehalten hat, was es in jungen Tagen versprochen hatte.
Angesichts solcher Enttäuschungserlebnisse, wie sie keinem erspart bleiben, wollen wir aufhorchen, wenn uns aus dem letzten Buch der Bibel zugerufen wird: Wir dürfen hoffen auf eine ewige, unvergängliche Gemeinschaft mit Gott, wir dürfen hoffen auf eine neue, heile, erlöste Schöpfung, in der Schmerz und Tod, Leid, Tränen und Geschrei und das Meer der Katastrophen nicht mehr sein werden.
Wir kennen die Stimmen nur zu gut, die sich heute in Ost und West gegen eine solche Botschaft erheben. Der moderne Unglaube spricht: Eure christliche Hoffnung ist doch nur ein frommer Schwindel, ist im besten Fall eine utopische Phantasie, die nie in Erfüllung gehen wird. Und darum sei es, so sagt man, ungleich besser, sich einer kämpferischen Weltanschauung zu verschreiben, die aus eigener Kraft und Energieanstrengung die Welt in ein Paradies verwandeln will und wird.
In der Tat, der Frage müssen wir standhalten: Wie wollen wir eine so umfassende Hoffnung begründen, die uns über die Grenzen dieses Lebens hinausblicken läßt und uns über den Jammer der Welt erhebt? Wir können darauf nur eine ganz schlichte Antwort geben: Der Grund unserer Hoffnung heißt Jesus Christus. Wohl ging er arm, unscheinbar und gering über diese Erde. Aber wo er hinkam, da leuchtete der schöne Glanz Gottes auf. Verzweifelte Gewissen wurden getröstet durch sein Wort der Vergebung. Menschen, die unter der Herrschaft des Bösen gefangen lagen, wurden befreit. Kranke Leiber und Seelen durften genesen durch die Vollmacht, die von ihm ausging. In einem heiligen Kampf für Gottes Reich hat sich Jesus aufgeopfert und ist verblutet. Gott hat zu dieser freiwilligen Todeshingabe ja gesagt. Er hat den, der am Kreuz starb, im Osterereignis zum Anfänger einer neuen Menschheit und Schöpfung gemacht, er hat uns

in ihm wiedergeboren zu einer lebendigen Hoffnung. Es gibt ungezählte Menschen, die es nicht fassen und glauben können, daß von diesem einen geschichtlichen Leben so gewaltige Wirkungen ausgehen sollen, die bis in die Ewigkeit hineinreichen. Wie oft kann man den Einwand hören: Im Grund hat sich doch im Weltgeschehen nichts wesentlich geändert, seit Jesus in unsere Welt eintrat. Krieg und Streit, Lüge und Haß, Grausamkeit und Unrecht sind unverändert weitergegangen.

Dieser Einwand ist so lange nicht zu widerlegen, als ein Mensch sich Jesus gegenüber rein zuschauerhaft-unbeteiligt verhält. Dagegen wird sofort alles anders in dem Augenblick, in dem wir anfangen, es praktisch mit dem Evangelium zu wagen. Man kann darum nur den Rat geben: Versuche doch einmal, eine Woche lang aus dem Geist der Vaterunserbitten zu leben. Prüfe dein Verhalten gegenüber den Mitmenschen im Spiegel der Bergpredigt, nimm deine Zuflucht zu Jesus Christus, wenn dich dein Gewissen plagt in Erinnerung an dunkle Stunden der Vergangenheit. Halte dich an ihn, wenn du übermenschliche Kraft brauchst, um mit dir selbst fertig zu werden, um Willensschwäche und fragwürdige Suchtbindungen zu überwinden, und du wirst die Erfahrung machen, daß in diesem Christusleben die göttliche Hilfe und der neue Anfang auch für dich da sind. Tritt auf diese Brücke, die zum Herzen Gottes führt, und du wirst im Darauftreten merken, daß die Brücke trägt.

Es gibt ungezählte Konflikte, die jetzt schon heilbar sind, wenn wir den, der das Brot des Lebens ist und der das Licht der Welt heißt, nicht draußen vor der Tür stehen lassen, wenn wir ihm vielmehr öffnen und Einlaß bei uns gewähren. Jeder von uns hat wohl in seiner näheren oder ferneren Umgebung den einen oder anderen schwierigen Menschen, der ihm zu schaffen macht. Das kann der eigene Lebenskamerad sein oder die Schwiegermutter oder die Schwiegertochter. Es kann ein schwer erziehbares Kind sein oder ein unangenehmer Vorgesetzter, dem man nichts recht machen kann. Es gibt dagegen nur ein Heilmittel: Laß dir von Christi Geist

Vergebung und neue Augen schenken, dann kann das Wunder geschehen, daß wir das schwierige Du in Geduld ertragen lernen, ja wir werden mit der Zeit an ihm vielleicht sogar liebenswerte Züge entdecken. Auch in der leiblichen Not der Krankheit darf man erfahren, daß Christus über Bitten und Verstehen zu helfen vermag. Wir können in der Kraft des Glaubens mitschaffen an dem Vorgang der Genesung, und jeder verständnisvolle Arzt weiß, wie sehr dadurch das heilkundliche Bemühen unterstützt wird.
Ist uns aber an der einen oder anderen Stelle des Lebens die Gewißheit zuteil geworden, daß es in der Verbundenheit mit Jesus Christus Möglichkeiten eines neuen Anfangs gibt, dann fällt es uns nicht mehr schwer, von der persönlich erfahrenen Befreiung her auch die letzte, große Weltverwandlung, die alles neu machen wird, in Hoffnung fröhlich zu fassen. Die Kritik, wie sie aus dem Lager des Marxismus auf uns zukommt, wird uns dann nicht mehr erschüttern. Wir haben ja am eigenen Leib erfahren, daß Gott in der Kraft des Jesusnamens ein Neues schafft, wie sollte er uns mit ihm nicht alles schenken!
Wir wollen gewiß den Mund nicht zu voll nehmen, wir wollen nicht ins Schwärmen geraten. Wir wissen nur zu gut, in wie viele harte und unlösbare Konflikte unser aller Leben verstrickt ist in den Bereichen von Politik und Wirtschaft, im Zusammenleben der Völker, der Rassen und Klassen, in den Spannungen von Ost und West, von Reich und Arm, von Jung und Alt, von Mann und Frau, ganz zu schweigen von den zahllosen Konflikten, die wir in uns selbst tragen und die uns oft mehr zu schaffen machen als alles, was aus der Umwelt auf uns zukommt. Was uns im Blick auf diese Konflikte jetzt schon als heilsame Lösung zuteil werden darf, ist wirklich nur ein Vorgeschmack künftiger Vollendung, nicht mehr. Und doch ist jeder solche Anfang schon voller Verheißung und weist uns in der Richtung, daß Christus noch einmal alle Bereiche des Lebens und alle Reiche dieser Welt in seine Hand bekommen wird, auf daß Gott sei alles in allem.

Das prophetische Wort aus dem letzten Buch der Bibel läßt uns in großartig geschauten Bildern etwas ahnen von der Vollendungswelt Gottes, die damit begann, daß Jesus in die Welt kam und einen Feuerbrand der Reichserwartung entzündete. Es sage keiner: Wir modernen Menschen können mit solchen mythischen Bildvorstellungen nichts mehr anfangen. Es lebt darin eine ungeheure Kraft, die unser Glaubensleben reich zu beschenken vermag.
Wer sich in den außerchristlichen Religionen auskennt, weiß: Auch dort wird viel von Erlösung geredet und nach Erlösung gehungert. Aber das Wunschziel hat dort, besonders im ostasiatischen Raum, immer nur den einen Inhalt: Der Mensch will auslöschen, er will mit seinem kleinen Ich bewußtseinsverloren untergehen in dem unermeßlichen Grund der Gottheit, gleichwie ein Wassertropfen im Meer versinkt und ertrinkt.
Wie ganz anders ist demgegenüber das Wort der Hoffnung, das uns aus dem biblischen Zeugnis entgegentritt: »Siehe da, die Hütte Gottes bei den Menschen! Und er wird bei ihnen wohnen, und sie werden sein Volk sein, und er selbst, Gott, wird mit ihnen sein.« Also: Gespräch des Herzens in einer durch nichts gestörten Harmonie, Austausch und Gemeinschaft mit dem Du Gottes in Liebe und Vertrauen ist uns verheißen. Im Licht dieser Hoffnung dürfen wir jetzt schon alles in getroster Kindeszuversicht vor Gott bringen. In diesem Sinn heißt es bei Paul Gerhardt: »Was du keinem magst erzählen, darfst du Gott gar kühnlich sagen, gib dich zufrieden!«
Viele Menschen finden in unseren Tagen darum schwer den Weg zu Jesus Christus, weil sie in ihrer Jugend vielleicht einmal ein Enttäuschungserlebnis mit der Kirche, mit einem Pfarrer oder mit irgendwelchen frommen Leuten durchgemacht haben. So etwas ist ja möglich. Die Kirche Christi trägt in dieser Weltzeit in allen Konfessionen, in der Landeskirche wie in der Freikirche, Runzeln und Flecken an ihrem Leib, und das oft in schmerzlich großer Zahl. Wer hätte darunter nicht schon gelitten!

Trotzdem sei der Rat gegeben: Verachte dieses gebrechliche Haus der Kirche nicht! Christus ist gleichwohl in ihm am Werk mit seinem Geist und mit seinen Gaben, in Wort und Sakrament, in Seelsorge und Diakonie, und wir haben die Verheißung, daß Gott dieses sein Haus noch einmal verklären und vollenden wird. Dann wird sich die Gemeinde Gottes darstellen wie eine schön geschmückte Braut, die sich für ihren Bräutigam bereitet hat. Wieviel uns auch immer von diesem Vollendungsziel trennen mag, wir wollen unsere Kirche liebgewinnen und lieb behalten! Wir wollen an unserem Teil dazu beitragen, daß sie eine schöne Braut werden darf im Blick auf den Hochzeitstag Gottes! Dazu gilt es, die Bitte im Herzen zu bewegen: Herr, erneuere meine Kirche und fange bei mir selbst an!
Gottes Plan zielt nicht nur auf das Heil der Menschen, er möchte die ganze Schöpfung in seine Vollendung mit hineinnehmen. So sagt es uns der Seher Johannes: »Und ich sah einen neuen Himmel und eine neue Erde; denn der erste Himmel und die erste Erde sind vergangen.« Da bringt uns die Zeitung die Nachricht von einer entsetzlichen Erdbebenkatastrophe, die weit über tausend Menschen das Leben gekostet hat. An solch einem einzigen Beispiel mag deutlich werden: Auf diese Erde ist kein Verlaß. Sie ist genauso zerbrechlich wie der Leib, den wir an uns tragen. Wir sollten uns das viel öfter vor Augen halten, damit wir uns nicht allzusehr verlassen auf die stolzen Bauten, die wir auf dieser Erde errichten.
Wir mögen erschauern angesichts von soviel Vergänglichkeit. Aber laßt uns darüber nicht vergessen: Gott hat bereits angefangen, eine neue Schöpfung, einen neuen Weltenfrühling heraufzuführen. Unsere Väter haben für diese weltumspannende Hoffnungsschau noch ein unmittelbares Verständnis gehabt. Sie haben an Weihnachten gesungen: »Freu dich, Erd' und Sternenzelt, Gottes Sohn kam in die Welt.« An Ostern haben sie das Lied angestimmt: »Die Sonn', die Erd', die Kreatur, und was betrübet war zuvor, das freut sich heut an diesem Tag, da der Welt Fürst darnie-

derlag.« Damit kommt zum Ausdruck: Christus hat es nicht nur zu tun mit der Seele, mit dem Gewissen, mit der Innerlichkeit des Menschen. Auch das Leibhaftige, das Materielle, das Sinnliche, ist Gott wichtig, und er will es mit hineinnehmen in seine große Zukunft.

Wir wissen nicht, *wann* sich das alles vollenden wird; aber wir dürfen gewiß sein, *daß* es sich vollenden wird. Wenn am Nachthimmel der Morgenstern aufgeht, dann fassen die Kranken, die Schlaflosen neuen Mut. Das Zeichen am Himmel sagt ihnen: Es geht einem neuen Tag entgegen. So hat der ewige Gott Jesus Christus als den hellen Morgenstern am Nachthimmel dieser Welt aufleuchten lassen, uns zur Vergewisserung und zum Trost, daß es nicht ewig dunkel und leidvoll auf dieser Erde bleiben wird. Gott führt seinen Tag herauf, und er möchte, daß wir die großen und kleinen Dinge des Lebens im Lichte dieses kommenden Gottestages sehen und bewältigen lernen. Wir dürfen jetzt schon im Morgenglanz der Ewigkeit stehen. Dieses Wissen soll uns treu machen in unserer Arbeit, geduldig im Leiden, nüchtern und wachsam in der Beurteilung der Zeit.

Zuletzt haben wir Menschen nur die Wahl zwischen Resignation oder Hoffnung. Es gibt viel Resignation unter uns. Man kann sie heute bis hinein in die Reihen der Christenheit wahrnehmen: Resignation im Blick auf die Ehe, Resignation im Blick auf das Alt- und Unbrauchbargewordensein, Resignation im Blick auf die unlösbaren Konflikte in der Völkerwelt. Wir aber wollen nicht zu denen gehören, die den Kopf hängen lassen! Wir wollen uns von dem Ruf Jesu ergreifen lassen: Hebet eure Häupter, darum daß sich eure Erlösung naht!

VERZEICHNIS DER SCHRIFTSTELLEN

Steinkopf-Bücherei

In dieser neuen Kleinbuchreihe erscheinen Texte und Materialien, Vorlese- und Lesebücher für Gemeinden, Gruppen und Jugendarbeit. Das auf mehrere Jahre angelegte Programm umfaßt Themen zu den Bereichen Glaube und Leben, Theologie und Naturwissenschaft, Seelsorge und Lebenshilfe, Besinnung und Wegweisung.

Band 1: Herbert Vinçon: Unterwegs zur Hoffnung
Gebete, Bilder, Gedanken
112 Seiten, kartoniert

Beten ist schwierig geworden. Vieles sperrt sich dagegen. Und doch verdichtet sich die Erfahrung, daß christliches Leben auch heute nicht möglich ist ohne diesen althergebrachten inneren Dialog. Ohne Gebet „wird das Herz kalt", wie Luther sagte. Die Bilder dieses Bandes führen uns mit ihrer ruhigen, beharrlichen Sprache in die Besinnung, die kurzen Texte helfen uns, im Gesicht unserer Zeit zu lesen und unsere Sehnsüchte und Hoffnungen Gott anzuvertrauen.

Band 2: Überall wird Weihnachten sein
Erzählungen. Herausgegeben von Fritz Heinrich Ryssel
192 Seiten, kartoniert

Die Botschaft trifft uns immer, nicht nur an dem Tag, der im christlichen Kalender „Weihnachten" heißt, und nicht nur am geschmückten Baum, sondern auch im schalldichten Hochhaus, im Schützengraben, im Obdachlosenasyl. Die Hand der Liebe und des Trostes berührt Lebende wie Sterbende. Die hier gesammelten Geschichten und Briefstellen machen deutlich, daß tätige Liebe, wie sie Gottes Sohn vorgelebt hat und vorlebt, uns nicht ausschließt. Gelebter Glaube versöhnt auch diese absurde Welt.

Band 3: Georg Hahn: Vom Sinn des Daseins
Bekenntnisse und Aussagen aus unserer Zeit
128 Seiten, kartoniert

Schriftsteller und Dichter, Philosophen und Theologen, Historiker und Naturwissenschaftler unseres Jahrhunderts äußern sich zu der Frage nach dem Sinn des Daseins. Ihre Gedanken beleuchten die dunklen wie die hellen Seiten des Lebens und sind oft bestürzend radikal. Auf eine absolute Frage, die so alt ist wie die Menschheit, kann aber keine allgemeinverbindliche, absolute Antwort gegeben werden. Die eigene Entscheidung bleibt niemandem erspart.

Band 4: Ich suche Menschen
Geschichten und Szenen von der Suche nach Menschlichkeit
Herausgegeben von Horst Nitschke
200 Seiten, kartoniert

Mit dem uralten, dem Philosophen Diogenes in den Mund gelegten Satz läßt sich das Thema zusammenfassen, das unser Denken und Bemühen auf allen Gebieten bewegt. In diesem Band sind Texte der modernen Literatur zusammengestellt, in denen die Suche nach Menschlichkeit besonders deutlich zutage tritt: ein leidenschaftliches Suchen, das teils die Unmenschlichkeit von Verhältnissen und Situationen anklagend bloßlegt, teils überzeugend von gefundener und bewährter Menschlichkeit kündet.

J.F. Steinkopf Verlag Stuttgart